益阳与轩辕文化

莫晓阳 ◎ 编著

中南大学出版社
www.csupress.com.cn
· 长沙 ·

《益阳与轩辕文化》编辑委员会

挖掘轩辕文化

打造旅游品牌

杨泰波
二〇一〇 六月

湖南省人大常委会原副主任杨泰波题词

螺祖续麻造服师

轩辕断木作舟车

乙亥沙市图书志于长沙

湖南省社会科学院原院长朱有志题词

茝水深藏上古史

人文荟萃重赫山庐

陆国柱题

二〇一八年五月

益阳市政协原主席陆国柱题词

2013 年，由益阳市委宣传部主办，赫山区委区政府承办"益阳市第一届轩辕文化学术研讨会"在羽星大酒店隆重召开。来自全省的资深学者、益阳和赫山相关部门的党政领导及十多家新闻媒体的记者，共计 70 多人。大家欢聚一堂共同探讨这个沉没在历史深渊的特大文化。会议开得很成功，绝大部分学者都认同了莫晓阳先生的论点

研究南洞庭新石器晚期轩辕文化的史学专家莫晓阳先生宣读学术论文

参加会议的部分学者

莫晓阳先生回答记者们的提问

莫晓阳先生向记者介绍史学泰斗何光岳先生的情况

益阳市委宣传部部长罗智斌同志（现为湖南省纪委常委、秘书长）和赫山区委宣传部部长于小波同志（现为益阳市东部新区工委书记、管委主任）笑容满面地听取学者们的发言

益阳市委常委、宣传部部长罗智斌同志做总结讲话，高度赞扬了学者们无所顾及坦率直言的学术风格，充分肯定了莫晓阳先生几十年来不辞劳苦对轩辕文化研究的重大突破。

益阳市和赫山区部分党政领导与学者专家的合影

序一

本来，赫山是南洞庭边缘的一座山名，由于行政区划的需要，20世纪70年代成了益阳县城关镇的镇名。至90年代升格为湖南省县级行政区划中的地域单位，又叫赫山区。其实，赫山既无高山峻岭，也没有险道悬崖，仅仅是超出洞庭湖水面六七十米的陆地而已。不过，在上古时期，可能湖水并不很深，其东北两方均有南洞庭的大片沼泽之地，东至湘阴，北抵赤山。而且，这沼泽土质肥沃、物产丰富，历来就有洞庭明珠之称，正是由于这一富饶的地理特色，才给益阳带来了"秦置县"和"三国遗址"等一系列的历史文化亮点。长期以来，益阳人对这些亮点津津乐道，各种文章不厌其烦地进行宣传。是的，秦代至今已有2200多年了，当然是益阳人民的一大骄傲。

近几十年来，文物界和史学界的专家们对南洞庭史前文化的挖掘和研究结果，真乃石破天惊！早在4700多年前的新石器晚期，轩辕黄帝为了消灭侵伐掠夺、实现社会和谐，通过东讨西伐、南征北剿，最后，选择在南洞庭现在的益阳县(即赫山区)建立了中华民族史上第一个"无为而治"的文明王朝。

2009年，湖南城市学院学报第五期刊载的《熊湘山考辩》和

《益阳日报》同年 12 月 29 日整版发表的《碧云峰是中华民族文化的发祥圣地》的学术论文以及 2013 年 3 月由市委宣传部主办，赫山区委区政府承办的"益阳市第一届轩辕文化学术研讨会"等等，这一系列活动和文章早就提出了轩辕在赫山区扎根创业的重大命题。而且，这一命题的论证获得了社会各界的高度认同和赞许。为此，益阳市人民政府 2014 年还给史学专家莫晓阳先生颁发了社会科学的科研成果三等奖。

这一史前文化的挖掘把整个益阳的历史在秦代的基础上又向前推进了 2500 年，而且，这无疑是中华民族所有文化中的非常有价值的文化品牌！赫山区委区政府高度重视对这个文化的继续深挖和宣传，故于 2017 年 3 月又邀请了研究这一课题的学者专门编辑《益阳与轩辕文化》一书。此书分为探索与争鸣、民间传说、相关作品共三个部分。形式多样，内容丰富，与轩辕文化有关的传说和文艺作品也收进了十多篇，因为史前时期还没有文字，后来文献中关于"轩辕"的史料也是根据流传已久的传说记载的。

在"学者评论"部分，有不少高质量的文章，像任国瑞先生的《态度求是方法科学结论合理》，不光对《益阳县轩辕文化之初探》的论点和论据给予了充分的肯定，还向当地政府提出了"……应当积极打造熊湘山集人文与风光于一体的旅游名区品牌，这于建构益阳文化支柱产业，促进经济社会可持续发展"的宝贵建议。像谢武经先生在《一个很有价值的研究课题》中评论说："……在这里提出了史前文化由'南盛北衰'、史后文化向'中原发展，才逐步形成了中原文化'的观点。这一说法这些年经常听到，我亦有同感，还真值得探索。如果能够通过益阳'轩辕文化'的研究，改写一些历史，意义就更大了。"

尤其是全国史学泰斗何光岳先生在《锲而不舍的重大突破》一

文中说："据我所知，早在8000多年前的新石器早中期，当时还是母系社会，就有两支势力较强的赫胥氏部落活动在华夏大地。一支在陕西蓝田县的华胥乡，因为赫胥氏亦称华胥氏，所以，才有华胥乡之称；南方也有一支，在湖南益阳县的赫山镇，山名即由此而来。"在这里，何光岳先生把我们赫山推向了8000多年前赫胥氏的母系社会，赫山真是一块神奇的宝地。原来，她深藏着其他省市可望而不可即、可求而不可得的最为稀缺的重大文化，就连原始社会的几大祖先都在这里扎根创业，这是何等光辉荣耀的大事！面对如此深厚的资源，无论是谁，都会激动不已。所以，每一个赫山人和在赫山工作的同志都有职责和义务乘着十九大的强劲东风团结一致、不遗余力地把这些文化打造成旅游品牌推向全国。

《益阳与轩辕文化》一书即将出版。此书图文并茂，集学术性、知识性、可读性于一体，从历史、地理、民俗等几个方面彰显了赫山区早已融入了民心的轩辕文化。这本书，使我们有了一个了解益阳和赫山历史文化的读本，亦有了一个对外展示益阳和赫山历史文化的窗口。该书尤其为赫山今后的文化发展提供了一个有力的文化参照，对于加强赫山先进文化建设，打造赫山文化品牌，让赫山走向全国，让全国了解赫山，实现赫山经济的发展、文化的繁荣、社会的和谐，将有重大而深远的意义。

特此为序。

中共益阳市赫山区委书记

丁酉年冬月于赫山

序二 Preface

　　历代以来，我们民族开口闭口都喜欢称自己是炎黄子孙，但对史前炎黄二帝的研究，由于时间久远，又无文字记载，可以说，是个盲区！虽然司马迁在《史记》中记载了几句判断性的传说，但未作系统论述，可信度也不得而知。正是由于资料奇缺，几千年以来，研究炎黄二帝成了一个无人涉足的领域。

　　谁知南洞庭的益阳县(即赫山区)有个资深学者莫晓阳，专门研究益阳县的本土文化，而且，他研究的课题居然就是新石器晚期的轩辕黄帝。他从一九八六年开始，至今已有三十多年了，没有科研经费，靠自己掏钱搞研究。其间，经历过很多不为人知的艰难，却一直没有放弃这个课题。

　　到了 21 世纪，他的课题已有突破性进展。2009 年 5 月，他在湖南城市学院学报发表《熊湘山考辩》，从语法的角度推翻了南朝裴骃和唐代司马贞、张守节把司马迁的"黄帝登熊湘"分裂为熊耳山和湘山的严重错误。其实，熊湘山就是赫山区境内的青秀山。那里还挖出了一块明代刻有《熊湘山记》碑文的汉白玉残碑。碑文也是确定黄帝所登的熊湘即该山。当时，他的论文引起了国内外史学界和文化界的震惊。在国外，还被译成了英、法、德、日四个

1

国家的文字。同年12月,《益阳日报》拿一个整版刊登了他的学术论文《碧云峰是中华民族文化的发祥圣地》。

2012年7月,湖南省社科院哲学所所长万里对他的论文在社科院组织了一次座谈,大家都认同了他的观点。

2013年,益阳市委宣传部还邀请省内外部分学者召开了"益阳市第一届轩辕文化学术研讨会"。百分之七十的与会学者肯定了他的研究成果。像全国史学泰斗何光岳先生还专门写了一篇《锲而不舍的重大突破》的评论,说:作者运用自己的平生所学,结合民俗、历史、地理、方言、宗教等多学科参证的科学方法,再配以多重论据法、图文互证法、实证法、排除法和综合比较法等一系列的论证手段,像剥笋子一样,一层一层、一环一环地条分缕析,把人们从遥远杂乱的史学迷雾中清晰地解脱出来。

湖南省地方文献研究所所长任国瑞先生也写了一篇《态度求实方法科学结论合理》的发言稿,认为莫晓阳先生的论文是"黄帝登熊湘研究的终极"。

近年,赫山区委安排他编著了一本《益阳与轩辕文化》的书稿。我反复拜读了他的文章,真是大开眼界。实际上,全书的核心论文是《南洞庭轩辕文化之初探》。而这篇文章是由多篇论文升华出来的,论述严谨,有着不容置疑的可信度。

该文第三小节《以出土文物为证》,是拿原益阳县文物队1983年在笔架山新兴村遗址挖掘的三把石斧进行的论证。石斧成品字形摆放,分大、中、小三种规格,大的有3715克,小的只有700克左右,形状也非常特别,斧头上部两边都有凹陷的槽口,制作精细美观,送到北京鉴定,说是从无使用过的痕迹。这就怪了,石斧是当时的劳动工具,天天都要用,居然无使用痕迹,那是作什么用的呢?这个问题,当时成了全国史学界一个不可破译的密码。

莫晓阳先生于十多年前，就破译了这组密码，他结合本地的史志认为："这三把石斧是部落联盟最高领袖祭祀天地的礼器，也是其权利的象征。其所以斧头上部有凹陷的槽口，那是夹木板和竹片用的。黄帝出行时，由侍卫队举着三把石斧走在前面，远远近近的人看了，知道这是最高领袖来了，自然躬身朝拜"。

为什么有意识的平地摆放？可能是黄帝在该地祭祀了河伯水神或举行《咸池》的张乐庆典之后，像现代人的奠基仪式一样，把这组礼器埋在地下。至于分大、中、小三种规格，成品字形摆放的问题，那是寓意天、地、人三皇或君主、天神、地祇三王，也是三位并立，三位一体的象征。到了商代，这种石斧就演变成了青铜钺，照样是由皇帝的侍卫队举着走。

在第五小节《以该县天子坟为证》的论述中，他确定了坟墓中埋的就是轩辕皇帝之后，接着，又拿一桩与轩辕身份完全吻合的桃江县崆峒村来进行佐证。这也是无独有偶，更应该是历史的必然。在离天子坟 15 公里的群山之中，有一个行政地域叫崆峒村的地方。该村非常奇妙，在五公里之内的四周，东有国王山，南有王后坡，西有端阳山，北有将军山，而中间是一块三平方公里的长条形平地。这里竹林风雅，早年被定为了全国五大竹乡之一，近年林业部还寻到此地办起了楠竹研究所。

莫晓阳先生根据崆峒村的自然环境和周边具有特定意义的地名分析：桃江县的崆峒村很可能是轩辕找广成子问道的真实地址。因为，广成子是云游天下和精心修道的神仙，绝对不会住在阴暗潮湿的山洞里，他会理所当然地选择在风景秀丽的桃江县崆峒村隐居，只是被后世的学者们写到北方去了。

此外，秦汉的某些学者，说轩辕找广成子问的是自己长生不老之事，这也不一定是准确的！一位如此伟大的人物，怎么只问自己的长生不老呢？也许也问了如何消除人间往复性病患、祸害之事。

可能广成子告诉他，把每年的五月初五这个毒辣之日定为端阳节，用菖蒲艾叶等中草药祛除邪恶之气。轩辕自然深信不疑，把五月初五定为了端阳节，所以，西边又有了端阳山。

从崆峒村周边的地名来看，这里向人们展示了一个完整的神秘文化，即轩辕问道。当时，他并非独自一人，他还带着王后和将军去的，问的也是人间五月阳气上升，阴气下降，病毒疾厄横行之事。可能人们为了纪念，才把四周的高山派上了适如其所的称谓。

益阳是一个久负盛名的古城。该书的出版，使我们有了一个解读炎黄历史的读本，也有了一个展示史前文化的窗口。不过，作为一个系统工程，此书只是开了一个先河，取得了阶段性的成就。我衷心期待更多的史学家写出更多更完美的后续之作。

因感慨良多，特此为序。

于建初

（作者系湖南省文史馆研究员、长沙市作家协会原主席、国家一级作家、享受国务院特殊津贴专家。）

前言 Forword

赫山区(原名益阳县)位于南洞庭的边缘,北靠资阳,西邻桃江,东接湘阴,南毗宁乡,历代以来就有"人类天堂""洞庭明珠"之称。据湖南省优秀社科专家何光岳先生研究发现:赫山区乃8000多年前母系社会赫胥氏的发祥之地。当时,赫胥氏有南北两支部落活动在神州大地:一支在陕西蓝田县的华胥乡,因赫胥氏又称华胥氏,故有"华胥"二字之称;另一支在南洞庭益阳县的赫山,该山称谓亦由此而定。

20世纪70年代中期,一次偶然的机会,我无意中发现几个为《史记》作注的学者考证黄帝"登熊湘"三个字时,都认定在"益阳县"的记载。我震惊不已:益阳在新石器晚期就发生了这样惊天动地的大事,怎么没有听说过呢?当时,我就暗下决心:作为炎黄子孙,我一定要不惜代价地弄清这桩历史事件。

于是,从1986年开始,我就正式涉足轩辕历史人物的研究。然而,在跨越两个世纪的漫长探索过程中,由于新石器晚期时间的遥远和史料的奇缺,在最初的20年里,我查遍了益阳市和湖南省的上古、远古的各种野史和正史,走遍了洞庭湖的各个角落,但进展始终不如人愿。尤其,还要经常面对亲友和社会人士的冷嘲热讽，甚至攻击我是大海捞针的白痴！当时，我差点放弃了这个课题的研究。

直到2008年，我终于从语法的角度找到了突破口，大胆而有力地纠正了东汉的应劭、南朝的裴骃、唐代的司马贞和张守节把《史记》中的"熊湘山"曲解成了熊耳山、熊山和湘山的错误，才找到了真正的熊湘山——赫山区沧水铺镇的青秀山。

接着，我在青秀山的山顶找到了一块刻有一篇《熊湘山记》碑文的汉白玉残碑。碑文的大体意思很明确，也是认定黄帝登熊湘，即青秀山。尤其，通过文物局发现了1983年在笔架山新兴村出土的三把奇特石斧之后，各种史学疑难也迎刃而解。

现在，搜索到的大量文献、文物与轩辕身份完全一致的益阳本土文化表明：4700多年前，出生于现在甘肃清水县，15岁就担任了河南有熊部落长的轩辕为征讨暴君，建立一个"无为而治"的大同社会，经历多年的东讨西伐，最后，率兵来到了南洞庭的赫山区。并在龙光桥大会天下部落长和酋长，开创了中华民族史上的第一个文明王朝。至此，这个沉没在历史深渊的特大文化史迹，已半明半暗地初露端倪了。

而且，从赫山及赫山周边的风俗、民情、伦理、工具和传闻中发现，轩辕大帝不光是一位叱咤风云的历史人物，更重要的是，他在南洞庭创造了从政治伦理到生产工具、生活用品的一系列文化，建立了一个人人互爱的大同社会。我们现在的很多习俗与伦理可能都来自那个年代。

后世的华夏民族，都知道自己是炎黄子孙，但谁也未深究，轩辕在南洞庭所创造的这种和谐高雅的文化，即延续发展成周朝的中原文化。正因如此，2013年由益阳市委宣传部主办，赫山区委、区政府承办，成功地召开了"益阳市第一届轩辕文化学术研讨会"。

随着研究的进一步深入，社会各界时时刻刻都关注着这个既有重大历史意义又有现实意义的历史课题的进展，为了更好地总结和宣传这30多年来的研究成果，去年，赫山区委宣传部部长胡佐颂同志特意安排我编撰《益阳与轩辕文化》一书。

此书分为文史探索与争鸣、民间传说和相关作品三个部分。之所以要安排后面两个部分，是因为前面部分属于纯学术的研究和评论，难免有呆板和枯燥之嫌，但加上后面两个部分，全书就显得形式活跃、内容丰富了。

其实几年前，益阳市专家联合会就看上了这个课题的文章，几次要我编书，并准备安排在他们汇编的《益阳历史文化》丛书中出版。但因种种原因，我一直没有付诸行动。

这次编撰，虽然有些是现成的文章，但也费了不少周折收集，如"学者评论"这个板块，收集的都是五年前"益阳市第一届轩辕文化学术研讨会"上学者们的发言稿。我在清理发言稿时发现遗失了几篇，我只好一个个去请他们补写。其中有一个是研究洞庭湖历史地理的资深学者张步天先生。他已有86岁高龄了，要他补写，我实在不好开这个口，只得硬着头皮讲好话。幸亏张教授通情达理，还是接受了补写的任务。

关于民间传说这个部分，去年上半年，我就发了两次征文启事，还打电话给好几个朋友约了稿。尽管我答应了不菲的稿费，但愿意爬格子的人越来越少了。虽然我后来收了几篇文稿，但文稿质量不怎么样。最后，只得自己动笔。尤其是《天子坟的惊天奥秘》这篇传说，本来不打算写的，因为前面的文章里有个小节专门阐述了天子坟的事。新来的宣传部部长蔡湃同志对天子坟和龙光桥的传闻比较熟悉，而且眼光又格外敏锐，他看到了天子坟这个传说对赫山乃至全国都有特定的作用和意义。他几次给我讲：要在民间传说这个板块里，增加一篇写天子坟的故事。当然，我也觉得很有必要，所以最终还是增加了这篇文章。很多人不知道，司马迁与黄帝相距2500多年，当时还没有产生文字，他的《史记》中的那些文献资料也是靠传闻而记的，后人才称之为传说史。

《益阳与轩辕文化》中的人物事件，绝大部分都是发生在模糊史学时期的原始社会。因其时空遥远和宽阔，尽管我们查阅了大量的史志和各种地方文献，但这样或那样的错误肯定难免。为此，诚恳期待各位学者专家和广大读者批评指正。

此书的编撰，承蒙各级党政领导的高度重视，学者们的鼎力相助以及社会各界的积极支持，所以才能如期付梓。在此，谨向以上诸位表示衷心的感谢。

莫晓阳

戊戌仲春之月于益阳

目录 Contents

第一部分 探索与争鸣

第二部分　民间传说

第三部分　相关作品

第一部分

探索与争鸣

编者按

中国文化，博大精深。轩辕文化，源远流长。姓氏不同，血脉相连。今天地球上五分之一的人把轩辕黄帝奉为共同的祖先，称为"人文初祖"黄帝轩辕氏。轩辕黄帝融合了史前时代的历史产物，规范统一千秋杀伐的混乱局面，结束了原始社会野蛮时代，开创文明时代。轩辕黄帝巡视和征伐天下，曾涉足益阳地区，留下了许多古老传说。本书作者莫晓阳先生投入毕生精力研究益阳与轩辕文化，足迹踏遍资水流域。他在书中提出一些可以争鸣的观点和思想，其大胆假设、小心求证以及探索真理的勇气值得推崇与赞赏。仁者见仁，智者见智，乃属一家之言。我们希望本书的出版能对学术界和考古界研究轩辕文化有所裨益，莫先生的一家之言也能起到抛砖引玉的作用。

南洞庭轩辕文化之初探

莫晓阳

摘　要：据司马迁《史记》记载："黄帝南至于江，登熊湘"由于山名的改变，从东汉时起，被历代为《史记》作注的史学家们考证得面目全非。大量史料证明：熊湘山就是湖南省赫山区（原益阳县）境内的青秀山。而且，黄帝平定五方之后，仍旧回到了土地肥沃、雨水充足、气候温暖、种植发达和曾经建立过根据地的益阳县所属之地南洞庭。他利用南洞庭的农耕优势，可能在青秀山及其周边完成了张乐、结盟和建立最早"无为而治"文明王朝的一系列伟大举措，实现了全民族的统一。

关键词：熊湘山；青秀山；南洞庭；轩辕；石斧

导　言

新石器晚期，黄帝是势力最强大的部落长。他为了统一民族，建立一个仁爱和谐及无为而治的文明王朝，历史上第一次大兴正义之师，专门征讨侵伐掠夺的暴君。所以，司马迁的《史记》也有简要的记载："轩辕……披山通道，未尝宁居。东至于海，登丸山，及岱宗。西至空桐，登鸡头。南至于江，登熊湘。"①这熊湘山是黄帝初次南征和巡视的最后一站，也是他扎根创业之地。他在那里完成了封禅、结盟和建立最早文明王朝等一系列伟大举措，实现了全民族的统一。这样一个有重大历史意义的轩辕文化的起源之地，却因山名的改变，被后人考证得面目全非，湮没在史学界的深渊。然而自然界的熊湘山并未消失，依然故我地存在。它，就是湖南省益阳市赫山区(原名益阳县)境内的青秀山!

一、熊湘山是一座山而不是两座山

东汉时期史学家应劭给《史记》作注，解释"登熊湘"三个字时，说："湘山在长沙益阳县。"②他第一个将司马迁的"熊湘"二字说成了湘山。后来南朝的裴骃也对"登熊湘"进行了解释，其《集解》说："湘山在益阳县，而熊耳山在召陵(即现在的河南郾城)。"③他又首次把司马迁的"熊湘"二字——这个整体的山名分裂为熊耳山和湘山。步他的后尘，又有不少人趋同附和，也跟着说是两座山。不过，对位置的界定却各有分歧。唐代司马贞的《史记索隐》认为：湘山在长沙，而顺阳(在今河南淅川县境内)、益阳二县东有熊耳山。④唐代张守节的《正义》更是奇谈，他说熊耳山在陕西的商州，湘山在岳州巴陵县。

宋代出版《史记》时，将各家之说都注排于《史记》的正文之下。这种独特的注排形式并非只有"熊湘"二字，《史记》全书的注释都

---

① 司马迁. 史记·五帝本纪第一. 北京：中华书局, 1975 年.
② 司马迁. 史记·五帝本纪第一. 北京：中华书局, 1975 年.
③ 司马迁. 史记·五帝本纪第一. 北京：中华书局, 1975 年.
④ 司马迁. 史记·五帝本纪第一. 北京：中华书局, 1975 年.

是如此。显然，这是让读者自己去分辨和选择，而读者又不是做专题探讨，谁也不去深究其真伪。

此后，清代乾隆和嘉庆年间的《湖南通志》及《一统志》也对熊湘山进行了考证。《湖南通志》认为："益阳县有熊耳山，东西各一峰如熊耳状，因以为名或又谓之熊湘山。"①而《一统志》的另一种说法是："修山在益阳县西南八十里，一名湘山。《史记·黄帝本纪》南至于江，登熊湘。注湘山在长沙益阳县。"②而同治年间的《益阳县志》对湘山即修山之说却予以否定："修山，古称明灯山，又南为修山，治西九十里。峻峰如削，卓立江滨。或以为即湘山。考是山去湘江二百里，其地深阻，恐非黄帝所行。"③新中国成立后，《桃江县志》也不承认湘山即修山之说："清代益阳县志载，修山即湘山，'黄帝南巡所登'，纯系传说。"④

至此，原系《史记》记录下来的民族文化瑰宝——中华民族统一始祖黄帝南登的熊湘山，却被后人注解、考证得面目全非了。

看来，对于这个史学难题的考证，应该改变惯常的思维方法和行动步骤。首先，并不是去急于寻找熊湘山的真实地址和现代山名，而是必须清除混淆我们视听的迷雾和假象，对各家之说来一番去伪存真的推敲。归纳以上考证，基本上都是二山论者——把"熊湘"二字分解成了熊耳山和湘山。要识别这些考证的正确与否，还须从《史记》本身着手，根据其原文来界定"熊湘"二字的范围和概念。然后，拿裴骃等人的二山论进行比较和探讨。

翻开近代出版的《史记》版本，几乎都是如此记载："黄帝南至

---

① 湖南通志·卷七·山川. 乾隆刻本，1757 年.

② 嘉庆重修一统志·长沙府. 铅印本. 上海商务印书馆，1934 年.

③ 益阳县志·地理. 同治十二年.

④ 桃江县志·风景名胜，1993 年.

于江，登熊、湘。"从这句话的词意和标点符号来看，熊字下面有个顿号，这是采用的现代并列缩写法，完全是指熊山和湘山两座不同的山体。但是，我们不要忘记，标点符号是晚清以后才出现的产物，西汉时期并不使用。

那么，司马迁的原稿"登熊湘"三个字必然是连在一起的。而他的原意是什么呢？根据这位史学家的写作习惯和当时的文风来分析，"登熊湘"应该是指一座山体，并无两座山的丝毫迹象。因为，《史记》中这段话的前一句是："西至空桐，登鸡头。"这句话的"登鸡头"三个字也是单指一座山，并无鸡山和头山之意。为什么后一句的"登熊湘"就变成两座山了呢？如果真正是两座山，司马迁又有不同写法。像这段话的第一句是："东至于海，登丸山，及岱宗。"这中间加了一个"及"字，这就是两座山了，即丸山和泰山。他为什么没有写成"登丸泰"呢？

司马迁是位治学严谨的人，根本不会采用现代缩写法来编纂史料，在他的通篇《史记》中也找不出这样的例子。并且，那种方法的运用也不符合常规，如果真正是熊山和湘山，倒还可以强词夺理地说一说，简称"熊、湘山"。问题是以裴骃为代表的二山论史学家们认为：一座叫熊耳山，一座叫湘山。这两座山虽是两个并列的山名，但山字前的具体名称的字数都不一致，怎么能缩成"熊、湘"二字呢？如红薯和凉薯，按现代名称并列法可以写成"红、凉薯"。但如果有人把山海关和韶关这两座并列的关名缩成"山、韶关"。那就不行了，谁都不会把山关理解为山海关。

尤其值得注意的是，按照二山论者的说法，熊耳山在北方，而湘山在南方，两山相距近两千里之远，岂不是南辕北辙，风马牛不相及了吗？又怎么能说是"南至于江，登熊湘"呢？即使熊湘是两座山，也应该同在南方的咫尺之间，绝不会有南北之隔。因为，这句话的前提和范围早已确定了是"南至"，绝对不能强行扯到北方去。可以肯定，这种不在"南至"范围的注解都是错误的。

由此可见，二山论者的考证背离了司马迁的原意，现在《史记》版本中"熊"字下面顿号的出现，无非是作者受以上论点的影响，也跟着人云亦云，才把一个好端端的完整的"熊湘山"说成了两座山。

由于后人的随意曲解，司马迁原意的"熊湘山"早已变成了熊耳山和湘山。这种史学谬误已蔓延了整个中国，使人们形成了一个难于改变的错误概念，连真正的熊湘山也不敢承认自己是司马迁所指之山了。如果有人把真正的熊湘山公布于世，也许还会把它作为假冒伪劣产品进行抨击围攻。这就是真正的以假乱真，也是几千年来无人涉足，找不到熊湘山的原因之一。

二、熊湘山就是益阳县的青秀山

综上所述，基本上去掉了注释所带来的重重迷雾。至此，问题已非常明朗、清晰：黄帝所登临的熊湘乃是指一座山体，并且就叫熊湘山。不过，此山到底坐落何处，还有何山名？这是人们最为关注的问题，其实，熊湘山就是益阳县的青秀山！为什么是青秀山？则需从以下五个方面进行考证。

第一，通观历代以来史学家们的注释，除了对山体名称持不同见解之外，对山体的坐落处几乎都有一个共同的认识，都认为黄帝所登的熊湘山是在湖南的益阳县境内。该县属于湖区平原和丘陵地带，又与南洞庭融汇交织在一起，其土质、气温、水源等优越条件最适合水稻的生长。炎帝创造了稻耕文明以后，这里已是当时稻耕比较发达的区域之一。

沧水铺镇青秀山行政村的石碑

　　黄帝在洪荒之世从关中地区出发，巡视和征伐天下，走过了千山万水，到了湖南的湘江一带见到了与东、西、北不同的生机：种植发达，人口稠密。他兴奋不已，溯江而上。在益阳县登山也是当时农耕优势的吸引和地理条件限制的必然结果。他要再往前行，又是洪荒之地了。往北，是茫无边际白浪滔天的洞庭湖；往西，是高山峻岭杳无人烟的湘西。

　　此外，传说中黄帝还精通五行之术，他知道自己主土德。土的方位居中，颜色为黄①。东方属木，乃甲乙之地，是土的克星，为官鬼之方。西方属金，受土之生，为土的泄气之地。北方属水，被土所克，亦为土的损耗之方。他的喜神在南，南为丙丁之火，火能生土，为印绶之地，而他所需要和依靠的正好是印绶。

更为重要的是，他要就近征剿在安化和新化县大熊山扎根的部落长蚩尤。此山与益阳县相距只有 100 多公里。益阳是他屯兵生息的最佳位置。所以，从东汉的应劭到唐代的司马贞在这个问题的认识上都无丝毫异议。这种非偶然的不约而同的确认，是锁定熊湘山坐落区域的最佳考证；也是难于否定，不容置疑的最早文字记录。根据这一有力的指导性提示，寻找的目光就可以定格在益阳县。

而益阳县地域虽广，但山体并不多，尤其是高山更为稀少，海拔 500 米以上的就只有青秀山。此山名字一大堆，既名青秀山又名清修山，还有几个名字将在下文出现。

青秀山连绵数十里，"山壑幽邃，岩壁峻峭，佳木葱茏，四周重峦叠嶂，瀑布飞流。"②在整个湘中、湘北的山峰中都有鹤立鸡群之势，其位置又紧靠湘江和南洞庭。历代以来的达官显贵、文人学士前往游览者趋之若鹜。如东晋的佛门领袖慧远禅师，唐代的李白、齐己，宋代的李纲、张栻、朱熹等都曾多次光临，有的留下了诗篇，有的创修了寺庙讲舍。既然司马迁认定了黄帝南巡是在益阳县登山，那么舍此山还有其谁呢？必然是青秀山了！只要地域未错，即使山名不符，也并不影响我们对此山的初步确认。

---

① 很多学者都知道炎帝主火德，颜色为红；黄帝主土德，颜色为黄故称黄帝。而且，黄帝可能精通五行之术，才能在伏羲太初历的基础上创造出黄历(即农家历)。

② 益阳县志·地理，1932 年.

因为，有些地方的地名是经常更换的，上一朝的名字与下一朝对不上号，这并不奇怪。尤其在没有地方史志记载的年代，这种问题表现得更为突出。我们不能因此而放弃考证，也不能以怀疑甚至否定的态度去对待后人的考证。

第二，根据东汉时期班固的《汉书·地理志》记载："益阳，湘山在北。"①这湘山是什么山？他在整个长沙国的几十个县邑之中只提到了湘山和衡山。衡山是全国的名山，理所当然要做介绍，而益阳县的湘山莫说是全国，在全省全市都排不上位置，只是洞庭湖畔的大山而已，为什么也写进去了呢？说明此山有特殊的历史意义。

这特殊的历史意义无非就是黄帝南登之山。但黄帝登的是熊湘，这里写的是湘山，两个地名还有一字之差。这湘山是否是熊湘山更改后的别名呢？班固自己没有说清楚，别人也未考证。但有一点可以肯定，湘山至少是益阳县的名山、大山。不过，县治之北全是湖区，根本没有什么山体。

所以，同时期的史学家应劭进行解释："湘山在益水之阳。"据唐宪宗元和年间的《元和郡县志》考证："益水出县（即益阳县）东南益山，东北流入资水。"②从该县地图上看，从东北流入资水的河道乃是现在的志溪河，此河全长都只有七八十公里，按照水北为阳的说法，湘山应在益水之北，而益水北岸的山峰屈指可数，并无湘山。

为此，笔者只好另辟蹊径，查益水之北的大山、高山，谁知翻开地方史志和地图一看又是青秀山。这是怎么回事呢？两次考证的结果都落在青秀山身上，是班固和应劭弄错了还是湘山在南北

---

① 班固. 汉书·地理志·长沙国. 北京：中华书局，1962 年.

② 元和郡县志·江南五道. 北京：中华书局，1983 年.

朝以后又更换了名字呢？这个问题暂时还无法解答。

第三，据乾隆年间《湖南通志》记载："益阳县有熊耳山，东西各一峰如熊耳状，因以为名或又谓之熊湘山。"这段话从表面上看，似乎也像前几种认识一样有熊耳山之说的嫌疑。但仔细一想，觉得此一考证与各家之说完全不同。文中虽然也提到了"东西各一峰状如熊耳，因以为名"的观点，但没有把熊湘分为两座山。尤其是最后一句以可能性语气做结论："或又谓之熊湘山。"这个考证不光道出了真正的熊湘山，而且还道出了熊湘山的另一个别名——熊耳山。也就是说，熊湘山又叫熊耳山。这一独特的考证，可以说是对前几种错误认识的修正。

至此，湮没消失多年的熊湘山已开始初露端倪了。但新的问题又使人们茫然不解：现在益阳县的所有山峰中没有一座叫熊湘山或熊耳山的，熊湘山是否还有人们所熟悉的其他别名呢？这就不得而知了。

笔者只好像破获案件一样，根据《湖南通志》所说的"东西各一峰如熊耳状"的山体形态和司马贞《史记索隐》认定的"益阳县东有熊耳山"的方向去按图索骥了。经反复查对清代同治年间《益阳县志》中的山体图形，发现只有现称青秀山的山体与《湖南通志》所描述的一模一样。该山图形上也标有东西二峰，而且也确如熊耳状。不过，中间一峰突兀天表，标的却是碧云峰三个字。查其坐落处的方向，也与唐代司马贞的《史记索隐》考证相符——在县治之东。四者之间都达到了统一，由此可以推测：青秀山就是熊湘山！不过，我们并不满足这种还不十分确切的判断。为了把问题彻底弄清消除疑虑，还需做进一步的更准确、有力的考证。

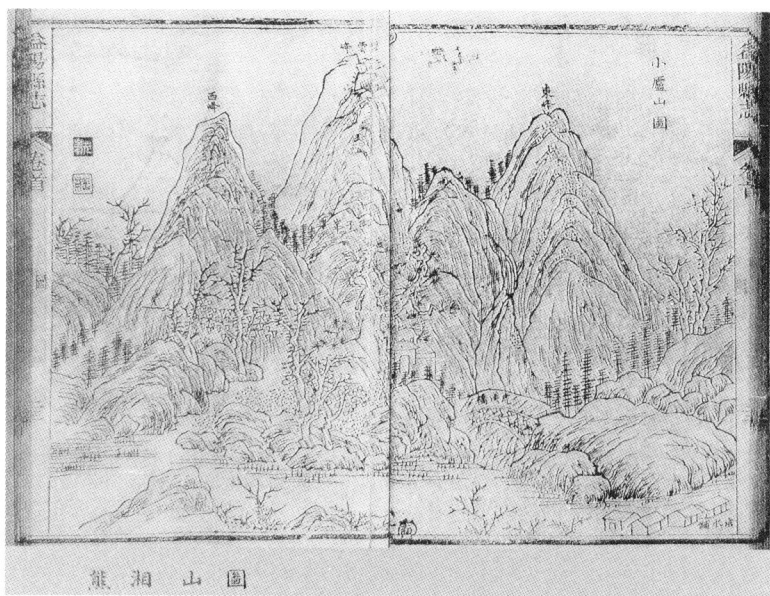

《熊湘山图》(清同治十二年《益阳县志》)

第四，民国年间《益阳县志》的古迹之二，园宅一项中记载有宋代所建的"小庐精舍"。其考证的原文是："熊湘山上有小庐精舍，张栻讲学之处，以其山似九江匡庐名曰小庐山，其舍又名南轩讲塾。"①这里的第一句话就单刀直入地提到了熊湘山，已使熊湘山彻底暴露在众目睽睽之下。更为重要的是，还透露了熊湘山的另一个别名——小庐山。

至此，熊湘山已两次出现于地方史志，应该说有柳暗花明的效果了。但由于两次史志的考证仍然没有直接提到与现名青秀山的关系，人们对此还是感到困惑。因为对于前朝的称谓都不熟悉，如熊耳山、湘山、熊湘山、小庐山这几个名称后人并不了解，总觉得

① 益阳县志. 古迹·园宅. 1932 年.

与现在的青秀山挂不上钩，对不上号。

这个问题，清代同治年间《益阳县志》里的图片可以为我们做最后的证明。图片集里有城市图、十景图、山川图等，其中有一张名曰《小庐山图》。该图描绘得颇为精细，但图形里却没有小庐山三个字，最高处标的是碧云峰，左右两边稍矮一些且很对称的山体标的是东峰和西峰。为什么绘图作者题名为"小庐山图"，而图形里没有小庐山只有三座峰呢？这就是长期以来混淆考证者视听的迷雾。

此图实际上是间接地说明青秀山是小庐山的别名。而且，在青秀山水库的东侧，有一块与山体相连的石头上几百年前就刻上了"小庐山"三个字。而小庐山又是熊湘山的别名。考证之一、之二中的湘山，其所以也与青秀山有关系，原来它又是湘山的别名。考证之三中的熊耳山，其文直接言明了是熊湘山的别名。绕来绕去都是被这别名弄得晕头转向，这时才使人茅塞顿开、恍然大悟：历代以来，各种史料和注释所提及的众多名字，归根结底应该是熊湘山的别名。

确实，熊湘山的名字做过多次更改，本文中也可以看出历代改名的大体情况。西汉和西汉以前叫熊湘山，东汉和南北朝时叫湘山，其所以班固的《汉书》和应劭的注释都是写的湘山，是因为改了名字。唐代则改成了熊耳山，宋代又称小庐山和青秀山（当时的《方舆胜览》也曾考证说："青秀山似九江庐山，故曰小庐山。"[①]），明代谓之清修山（《长沙府志》有记载）。如此频繁地更换名字，明代以前又无地方史志记载，实际上是给考证者设置的重重障碍，也是考证失误和熊湘山不能面世的根本原因。

---

① 祝穆. 方舆胜览. 北京：中华书局，2003 年.

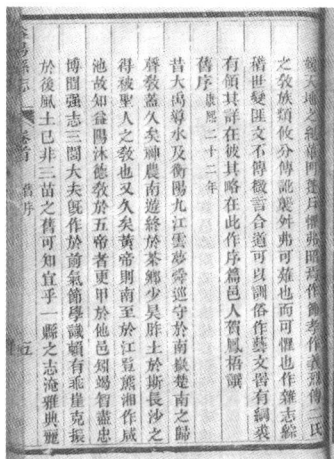

清康熙二十二年(1683年)《益阳县志》　　　　《熊湘山记》残碑
知县序言,关于熊湘山的记载

第五,在青秀山西南的山麓之中,还有一条名叫熊湘河的小河。据《益阳县志》记载:"沧水铺河,古名熊湘河。源出青秀山西峰冲。"①此河南经百羊庄、鱼形山、东北经沧水铺、谭家桥,至凤凰湖和来仪湖,然后入湘江,上游浅窄,下游较为宽深,全长大概50公里。在古代,常有装载本地粮食、竹木的船只由此河到望城、长沙等地销售。

其称谓是否产生于熊湘山的同一个年代,已无法考证。但至少可以肯定:就算是稍晚一点,也应该是借助山名才命名的河名。正如湘江最大的支流耒水一样,也是以它的发源地耒山命名的河名。而且,应该是先有山名,然后才有河名。因为,熊湘山的山体庞大,余脉分布很广,像周边的鱼形山、笔架山、灵保山等都是它

①　益阳县志·地理·水文,1963年.

的余脉。山上的雨水随着它的自然走向才逐步形成了这样一条小河。河道也是由熊湘山的雨水长年冲刷而形成的，先民自然就顺理成章地把此河称为熊湘河了。

既然山与河有着直接的因果关系，河名都是借山而来，那么通过反证，山名就不言而喻了，理所当然叫作熊湘山。尽管后人对山名做过多次更改，那无非是其别名而已，永远都改变不了它是上古时期熊湘山的这一事实。

通过上述史料的考证，熊湘山即青秀山已成无可争议的事实。接着，就拿该县新石器晚期几大独特的出土文物来进行分析和佐证。

三、以出土文物为证

司马迁对史前时期的历史记载，现代人把它看作是传说史。因为，在没有文字记载的年代，我们的祖先只能通过口耳相传，一代一代地来铭记上古时期的历史。司马迁记载的就是当时的传说，所以称为传说史。而传说史与信史又有一定的区别。传说史，因时间和空间的跨度太大，难免有不真实的成分。

不过，有了考古学以后，上古年代传说史中再大的疑点难题，也有了解决的办法：通过出土文物和其他相关文化的共同验证，便能分辨出它的真伪。

像司马迁对黄帝的那段记载，后面还有一句，即"北逐荤粥，合符釜山，而邑于涿鹿之阿"。[①] 但是，这句话有很多疑点，甚至与情理相违。

---

① 司马迁·史记·五帝本纪第一. 北京：中华书局，1975 年.

其一，黄帝在远征之前，首先就会对北方——自己身边的荤粥进行清理，绝对不会留到远征之后。而且，荤粥（即匈奴）族，至今都只有3000多年历史，称雄于秦汉时期。就算按司马迁的《史记·匈奴列传》所记："匈奴，其先祖夏后氏之苗裔也，曰淳维……"的表述，到了夏朝，荤粥（即淳维）才有了一点点幼苗。那么在轩辕时期，连幼苗都没有，黄帝到哪里去抗击荤粥呢？显然，司马迁的记载前后矛盾，不能自圆其说了。

其二，合符是春秋战国时期的做法，而且是专用于军队的调兵遣将。新石器晚期连文字、衣服都未出现，应该没有符印可合。再说，当时全国的人口可能还不到200万，军队也是初次建立，管理上没有后期那么混乱，根本没有合符的必要。如果是带有神话色彩的合符，那就更不可信了。

其三，黄帝既然到了鱼米之乡——南洞庭边沿的熊湘山，等于发现了新大陆和天堂，怎么会舍弃天堂而邑于当时农耕落后，只能靠老天降雨才能种植的涿鹿之阿呢？而且，长期以来，该地并未发现与黄帝身份相吻合的独特文物和与之有关联的其他文化给予验证。因为，轩辕大帝是中华民族文化产生的初祖，他在哪个地方创立帝业，哪个地方必然会留下一系列与轩辕身份一致的风俗、语言地名、劳动工具、生活用品，等等。

其四，按时间推算，黄帝与司马迁相隔2500多年。这期间经历了无数次腥风血雨的朝代更替和尊古创新的文化选择。可能是史后历代官民受中原文化的影响，把南方视为了不可教化的南蛮之地。可想而知，戴上了有色眼镜的传播者自然会按照自己的主观愿望去修改传说。久而久之，甚至把发生在南方的重大事件也移到了中原名都大会的附近，形成了一个误区。而司马迁也跳不出这个误区，只能照传闻而记（还有一大关键的理由将在第四小节体现）。所以，司马迁这句话讲的三件事有诸多无法解释的疑点。

不过，司马迁记载黄帝"东至于海……南至于江……"的前面那几句话是不容置疑的。因为，在洪荒之世，先民都是各自为政、思想混乱。要想统一天下，谈何容易，他们必然要通过对东南西北四方进行艰苦漫长的征剿之后，才能创立国家，这是一个基本常识。即使司马迁当时没有记载那几句话，我们现代人照样会根据这一逻辑去进行思维。

当然，也幸亏湖南近30年来，从考古发掘中发现，南洞庭一带出土的新石器晚期的文物证明，其文化可能比中原地区还要早。至于司马迁后面的那句话是否真实？不妨暂搁一边，看看本文多方面的证据，就一目了然了。

1983年，原益阳县文物队在与青秀山相邻的笔架山和泞湖竹泉山挖掘出了大量新石器末期的活动遗址和墓葬。烂泥湖走马岭也挖出了石锛、石斧等重要文物。三个不同地点都是在熊湘河的边沿。据国家级考古领队的盛定国先生介绍："笔架山乡新兴村的出土文物中有一组平地摆放的石斧，分大、中、小三种不同规格。形状非常特别，斧头上部两边有凹陷的槽口，制作精细美观，而又非实用之物，经鉴定，从无使用过的痕迹。最大的石斧有3715克，而一般石斧都只有700克左右，其形状和重量在全国都很罕见，当时定为了国家一级文物，现为益阳市博物馆的镇馆之宝。"

然而，这组石斧的出现，多年来，成了史学界和文物界学者们不可破译的密码，石斧是当时的劳动工具，为什么没有使用痕迹？为什么在一个桌面大的地方有意将三种不同石斧排列成品字形？为什么大的大得惊人？为什么出现在益阳县青秀山余脉笔架山下低洼开阔的熊湘河边？斧头上部凹陷的槽口及平地摆放又用意何在呢？

一系列的不解之谜，笔者将在本文做出诠释。笔者认为，这组石斧与本文考证的课题有直接关系，它们大概是黄帝拥有的专利品，很可能是用来封禅结盟、祭祀天地的礼器；同时，又是黄帝至高无上权力的象征。斧头两边凹陷的槽口，也很少见，可能是用来夹木板或竹片的。只要将两块竹片的头部嵌入槽口，然后，用绳子把竹片和石斧一起扎紧，就可以举着走。黄帝出行时，则由随从高举石斧走在前面。远远近近的先民看了，自然都会恭迎朝拜。

商周时期，这种精细的特大石斧已演变成了青铜钺，斧口的两只角翘着向外延伸，成半圆状。而且，青铜钺仍然是皇权的象征，也照样是由人举着，走在前面彰显声威。据古文字学家郭道康先生介绍："象形文和金文中的'王'字，就是由原始时期益阳的这种特定的石斧形状编造出来的，第一横是斧头，第二横是两边凹陷的槽口，第三横是斧口，中间的竖，就是斧身。"

但这种特定的石斧为什么出现在笔架山？因为，青秀山与笔架山相距只有10多公里，可能是黄帝在那里祭祀了河伯水神或举行了《咸池》的张乐庆典。祭祀或庆典之后，像现代人的奠基仪式一样，把这组礼器埋在地下，所以，出土时仍然整齐摆放。至于为什么是大中小三种石斧？那是寓意天、地、人三皇或君主、天神、地祇三王，也是三位并立，三位一体，和谐共处的象征。

后来，我们民族很多事情都以"三"字数来作为完美的标准。像军队设置左中右三军，出兵三声炮响，交战三通战鼓，小孩出生庆贺三朝，新婚女子三天回门，祭祀鬼神摆设三牲，给父母守孝三年，朝拜天子三呼万岁，礼节常用三鞠躬、三叩首、三跪九拜等。看来，这"三"字里面大有玄机。而且，与笔架山掩埋的三把石斧，可能有内在联系。不过，还无人破译这个玄机。

后来南县、湘阴、岳阳、湖北等地也相继发现了大量同时期的活动遗址。说明当时的黄帝部落登熊湘之后，为了便于就近对大熊山蚩尤部落进行道德教化和武力镇压，就以山水相依、农耕发达的益阳地区为根据地，迅猛地向四周扩张势力和发展生产，做好了长期征剿的准备。

三足陶鬲

1986 年，邓石桥乡石湖村遗址出土的五把新石器晚期的石斧(邓建强 摄)

1983 年，笔架山新兴村不光挖掘了三把新石器晚期的石斧，还出土了以上的陶鬲和陶豆(胡勇 摄)

1986 年，县文物队在离青秀山西北 10 多公里的志溪河畔邓石桥乡石湖村也发掘了新石器晚期的三座墓葬。墓葬内出土了大量陶器制品和玉环、玉璜、玉串饰等一系列玉器。尤其又出土了一组五件不同规格、磨制精细的石斧。其中最大的一件长"三十厘米，宽十三厘米，最厚处五厘米，重量将近十公斤"[1]，斧头上部两边亦有凹陷的槽口。大石斧比笔架山乡新兴村出土的石斧还要大，笨重得根本无法甩动，显然，也是非实用之物。

专家们认定，这是一组非常特殊的礼器，应该是华夏民族部落联盟最高领袖号令天下的权力与身份的象征。而益阳县尽管占地理优势，渔猎农耕比北方的红山文化和长江下游的良渚文化区域都要发达。但毕竟是小部落，酋长也不可能拥有那种庞大的礼器，更不可能是五件。

据笔者分析，这组石斧与笔架山乡新兴村出土的三件石斧有不可分割的内在联系。它们可能是同一个部落、同一个世纪的掩埋之物。石斧的主人，理所当然，也是非黄帝莫属。虽然新兴村遗址出土的是三件一组，石湖村出土的是五件，但二者的目的都是一致的，都是为了展示主人的身份和彰显主人的声威，只是寓意不同而已。

不过，神话与传说是两个不同的概念。神话中的人物事件纯粹是人们凭空虚构出来的，没有任何真实成分；而传说中的人物事件是一代一代口耳相传流传下来的，具有一定的真实性。但恰好现实生活中也有五帝，而且，两个黄帝同名。正因如此，西周之后的史学家们便把现实生活中的黄帝和神话中虚构的黄帝混淆成了一人。把轩辕也排列在现实生活中的五帝之首。

其实，现实生活中的黄帝，真正准确的排列，应该是三皇中的第三位。第一位是伏羲（即太昊）；第二个是神农（即炎帝）。也正是由于排位的失误，使三皇中缺了一位领袖，五帝中又多了一个。史学家们为了填补三皇中的空缺，只好把神话中炼石补天和捏制两个男女小泥人来繁衍人类的女娲娘娘拉出来充数，排在三皇中

---

① 厚土珍藏·第一章. 长沙：岳麓书社，2008 年.

的首位，把五帝中的少昊挤出了队伍。其实，五帝另有其人，即少昊、颛顼、高辛、唐尧、虞舜。

根据"五"数的分析，这个遗址与笔架山乡遗址的时间差距至少在20年以上。石湖村遗址应该是黄帝剿灭和征服蚩尤、榆罔之后所为。四海已经归附，他又重返益阳，并在三把石斧的基础上又增加了两把，成了一个"五"数。并且，石斧也制作得比原来的更大。由此可以推断：这是黄帝已经统一了五方的显示和标记。笔架山的三件石斧应该是黄帝初到益阳不久建立根据地时的所埋之物。

据益阳市文物专家潘茂辉先生介绍："除石斧之外，石湖村遗址还发掘了大量泥质黑陶和灰陶器具。常见的鼎、釜、罐、豆、盘、杯等各种用具应有尽有。其中一个造型高雅、制作精细的高柄陶豆也与笔架山乡新兴村遗址出土的陶豆有异曲同工之妙。这种陶器的出现，应该是外来文化的影响。"而外来文化，无非就是黄帝沿途从各部落挑选出来的一批人类巨匠群策群力的结晶。

当时，黄帝所处的年代正是中国史前文化急剧动荡变化的历史时期，社会生产力有了长足的发展，社会财富有了一定的积累，意识形态产生了相应的变化。有的部落首领开始穷奢极欲修造古城、祭坛。而黄帝是历史上较节俭、仁爱的有德之君，深恶痛绝那些部落首领的奢靡、残暴。他要统一华夏部落，推行松散型的"无为而治"，创造一个自由平等、仁爱和谐的文明古国。所以，才有东讨西伐和漫长的南征。且南征之后，又与炎帝的子孙榆罔联合北伐。从益阳县出发追剿逃亡的蚩尤，经湘西、贵州、湖北、河南、直到河北的涿鹿才将他打败；蚩尤部众被打得七零八落四处奔逃；蚩尤自己也被黄帝擒获，处以五马分尸的极刑。

在中原斩杀蚩尤之后，黄帝已被南方的农耕优势所吸引，他要舍北就南，去种植发达的南方发展。而榆罔本来就在南方，他不希望黄帝去争夺他的优势，欲与黄帝以长江为界，平分天下。而黄帝要统一五方，不允许榆罔分庭抗礼。于是，又与炎帝的子孙榆罔三战于河北的阪泉之野。最后，也是以征服结束战争。

自从黄帝统一华夏部落之后，他制定了一套创造和谐社会的严格规章，人类的恶性开始受到了极大的限制，社会秩序才有了翻天覆地的变化。中华民族的文明也应该是从这个时期算起。

其所以在上古时期很多大规模战争都是在一马平川的河北完成，那是我们祖先南仗北打的思想构成的格局。其实，几次矛盾和争端都是发生在南方。因为，南方尽是山水，既不利于布兵设阵，也不利于冲锋退避。有很多不平等因素困扰双方：有时，据山地之险能以少胜多；有时，凭洪涛之隔而雄兵难进。而我们的祖先最讲究的是平等争斗，双方都是以各自的势力进行面对面的拼搏。而且，还要公开下战书，约定时间、地点，进行公开、公正、公平的交战。既不靠地势取胜，也不靠偷鸡摸狗的奇兵取胜。

当然，除此之外，还有一个因素是：新石器晚期，由于农耕的出现，南方开始迅猛发展，人口也相对比北方稠密得多。为了少使无辜百姓遭受兵祸之灾，战争自然也要转移到人烟稀疏的北方去。然而，我们祖先的这一英明抉择，给后世历代的文人学士造成了一个重大错觉：以为南方没有产生过重大事件，也没有形成过什么文化，所以，才做出了史前文化未过黄河的结论。其实，史前时期真正称得上文化的，是轩辕文化。其次，是《咸池》之乐。这《咸池》之乐发生在哪里呢？也是在南洞庭。此事，笔者将在后面论述。

乾隆《益阳县志》知县蔡如杞
序言对熊湘山的记载

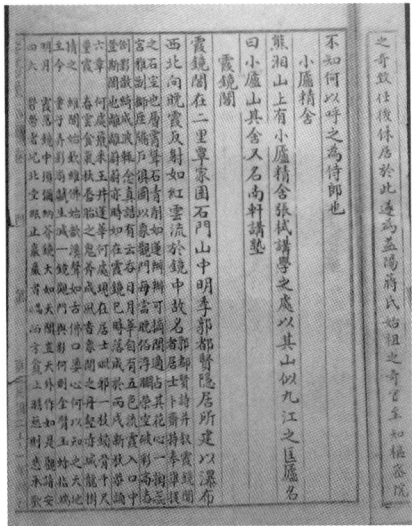

民国《益阳县志》对熊湘山的记载

　　黄帝经过多年腥风血雨的征战，最后，才平定了五方，取得了胜利。所以，有人说：黄帝一生都是在流动中度过的。不过，这种认识也并不准确。其前半生可以这么说，但后半生基本上是稳定的。五方平定之后，他要发展生产，统一民族，自己在哪里扎根呢？他走遍了千山万水，各地的情况都了如指掌，他别无选择，只能回到南征时建立过根据地的鱼米之乡的益阳县开创帝业。

　　因为，这里具有当时人类生存、发展的各种得天独厚的农耕优势。土地肥沃、水源充足、气候温暖、物产丰富，诸如野生的莲藕、鱼虾、鸡鸭之类的食物到处都是。可用于制衣的野生苎麻和可用于医治百病的野生茶叶、蒿子、菖蒲、艾叶等，根本不用培植，伸手可采，真是多得当柴烧。如1989年，益阳地区

麻绒塘遗址出土的高圈足盘

文物队，在资阳区麻绒塘上古遗址发掘的几组玉器和陶器中，有一个非常漂亮的高圈足盘。足盘上的纹饰和图案展示了成捆的稻草、饱满的谷穗、成群的大雁及象征渔网的网格和链扣，简直是一幅丰衣足食、其乐融融的洞庭秋赋图。虽然，有人认为这是黄帝之前的器具，但至少可以确定，南洞庭早就适宜人类生活了。

最初，黄帝到益阳时，很多部下水土不服，黄帝用两种办法解决：一是用茶叶泡开水喝其汁；二是将蒿子剁碎煮饭吃。后来，该县改成了吃蒿子粑粑的习俗，此习俗传承至今。尤其适合于南洞庭发展的种植业、养殖业和捕捞业早已进入了每一个先民家庭。黄帝自然要充分利用这些优势，绝对不会去邑于涿鹿之阿。他只能在益阳县创立文明王朝，在益阳县大会天下部落长。所以，后世又有"万国同朝"之说。其实，当时的国，只是现在乡、镇一级的地域而已。而且，从这个时候起，北方部落的原始人开始大量南移，形成了史前时期南盛北衰的文化格局。

由于黄帝的扎根落业，益阳进入了一个飞速发展的时期。黄帝部落加上沿途收编和北方迁徙过来的原始人至少有两万以上。当时，还没有专业军队，黄帝就将所有部众安排在益阳县的熊湘河、志溪河、资江沿线的陆地及南洞庭河湖港汊的边沿。实行亦兵亦农的军垦制，农时种植，战时征伐。平静的益阳，顿时一片喧腾。据《厚土珍藏》记载："石家河文化从屈家岭文化脱胎而来，长江中下游的资水和洞庭湖进入一个空前迅速发展的历史阶段，石家河文化以一种星火燎原之势在资水流域播撒。"①到目前为止，文物部门发现4700年左右原始人的活动遗址及其墓葬达到了100多处。

而这一时期之前的遗址却寥寥无几，之后的4400~4550年，这段时间又几乎成了人类活动的空白地带。对于这一反常的现象，史学界和文物界一直没有找到合理的解释。

根据益阳县发掘的先民活动遗址分布状况来分析，新石器晚期的原始人并不喜爱那种因长年缺水而干燥、贫瘠的土地，也不喜爱山区，他们十分偏爱江河交错、湖港纵横的湖区平原和水源充足的丘陵地带。当时南方的种植业已相当发达，而水是种植业的命脉。所以，他们只能伴水而居。当然，也说明了南洞庭的原始人最先结束了北方那种采摘野果和追捕猎物的游牧生活，进入了一个定居种植的新时期。

如益阳颇具特色的是资江下游沿河两岸的二十里长街，一代一代的益阳人无不把它铭刻在心底，但近几十年的拆迁和建设，已使这条全国独一无二的河街面目全非了。现在的地方政府在广大群众

① 厚土珍藏·第一章. 长沙：岳麓书社，2008年.

的强烈呼吁之下，准备重新打造，但不可能再恢复原貌了。其实，益阳人并不了解那条河街是怎样来的，更不知道始于什么年代？

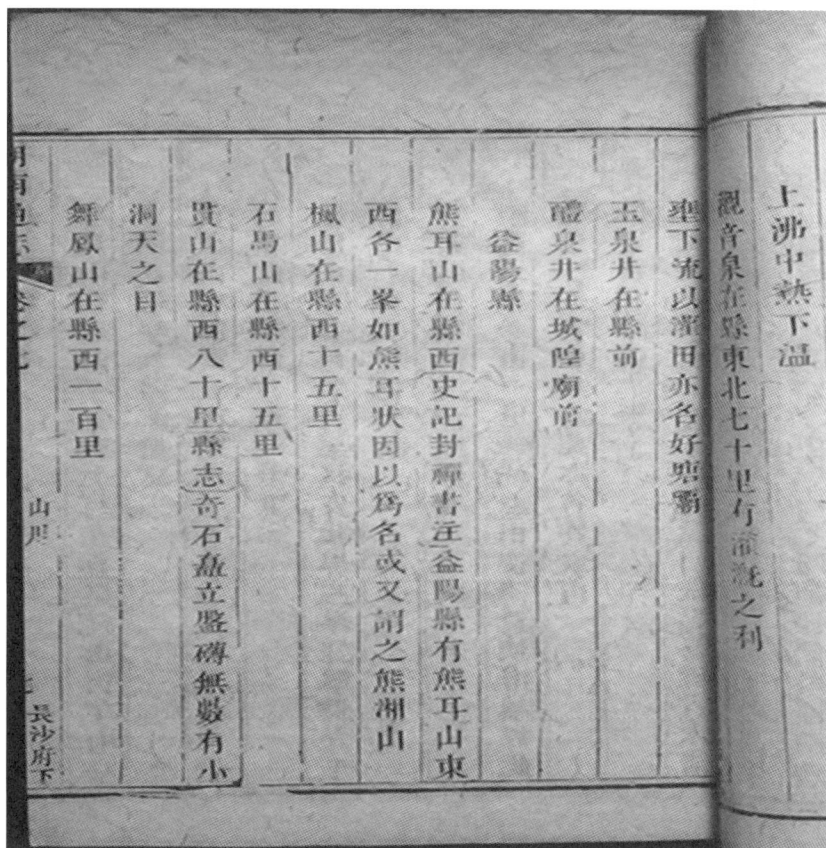

乾隆《湖南通志》对熊湘山的记载

据笔者研究，此街始于原始社会的轩辕时期。之所以轩辕选择在益阳县创立文明王朝，他就是要利用南洞庭的河湖港汊和土质肥沃、气候温暖的地理优势，将追捕猎物和采摘野果为生的游牧先民动员到湖洲河岸定居，靠种植、养殖和捕捞的农耕为生。加上母系社会遗留下来的"走婚制"已被轩辕彻底废除，一个个完整的家庭开始诞生。先民为了改变生存状况，无不言听计从，到河岸湖洲定居。

而资江下游的西流湾两岸地势较高，正适合当时人类的居住和捕捞业的发展，所以，才留下了这条至今还存在的河街。

笔者认为，如果蚩尤的子孙当时没有掘毁黄帝的坟墓，那么，新石器晚期益阳县的墓葬中应该有黄帝及其元妃嫘祖的陵寝之地。不过，要按上古时期益阳县的地域去查，整个南洞庭都是所查询的对象。并且，在这个区域内可能早就出现了他们的陵墓，只是大家都不知道而已。

这个问题，我们要根据黄帝的德行进行分析。他是最讲究仁爱、节俭的君主。其墓葬应该是普通简陋的，不会有众多的陪葬品和特殊的坟茔。他生前，也不可能在益阳修建像湖南澧县彭头山一样超越时代又劳民伤财的古城、祭坛。而且，不光是他，三皇五帝中的其他七位领袖也没有哪一个在这方面做过什么文章，这就是我们祖先节用爱民的伟大之处。

如果我们抛开具体人物的个性，以全国诸侯领袖的身份在益阳去查找其庞大的祭坛、坚固的城池和丰富的墓葬，那将是徒劳的，也是不科学的态度。更不能以此为由，否定轩辕大帝在南洞庭开创文明王朝的可信度极高的事实。因为，就连进入了阶级社会的夏朝，经历了那么多君主，不是也未发现哪里有什么庞大的建筑吗？

此外，青秀山上现在还保存了一块刻有《熊湘山记》碑文的汉白玉石碑。虽然，石碑只剩下了上半截，但还是看得出文章的大体意思，其内容也是确定该山即昔日黄帝所登的熊湘山，故有"碑于山岭正其名而复其故"之说。不过，因下半截已不存在，刊立时间和撰文作者不明。但从字体和玉石风化迹象分析，可能是宋代或明代之物。而且，清初益阳知县江阗为县志作序时也肯定了黄帝登熊湘乃是益阳，故有"益阳沐德教于五帝者更甲于他邑"①之说。

这个史志的记载，也明确了轩辕大帝是在益阳感民化物、创造帝业。而且，还认为这里"沐德教于五帝者更甲于他邑"。也就是说，益阳是最早接受道德教化的地方。这"他邑"，自然也包括了河北的涿鹿。

至于黄帝登熊湘山祭坛的遗址，笔者认为就在青秀山村大坝的西面。因为方圆 10 多里都是峭拔之地，而且，大多是火山爆发后形成的岩石，仅有此处才有几块呈梯形状的平坦之地。这平坦之地，可能也是黄帝部落特意改造出来的。地理位置十分奇特：背靠碧云峰，左伴青龙嘴，右倚白虎岭，面对凤凰池（现名秀山水库），四面群山成拱卫之势，大有仙乡道境之奇。难怪它后来有"小庐山"之称。

不过，非常遗憾，这个地方被晋代的佛门领袖慧远禅师（山西雁门人）看上了。他知道这是衡山龙脉通往洞庭湖的风水宝地，又是华夏文明始祖黄帝的活动之处，文化底蕴深厚，就在此建了个清修寺，占地 100 多亩。当时，这里可能有黄帝留下的很多遗迹。否则，慧远不会走遍全国，连衡山都没有看上，而唯独选中此地。到了唐代，寺院又经过了一番整修和改造。

后来，宋代鸿儒朱熹、张栻也是慧眼大开，看上了这块神奇之地，把寺院进行整合，腾出了部分空坪，就见缝插针地建了个书院——南轩讲塾。但祭坛的形状和王朝的遗迹早已荡然无存了。加上前面论述的，地名的不断更换和史学家们对《史记》注释的严重错误，使中华民族这一伟大的"轩辕文化"长期沉没在历史的深渊。而该县发掘的两组象征最高权力的特大石斧，应该是一个十分珍贵而又与黄帝身份一致的重要物证。

---

① 江阁. 益阳县志·旧序. 同治十二年.

四、益阳县是黄帝《咸池》的张乐之地

音乐的力量是一个令人陶醉的熔炉。健康完美的音乐能唤起民族的觉醒，坚定民族的意志，感化理性的回归。且各个历史时期都有自己的特定音乐来鼓舞民众。尤其，在史前时期，先民还没有接受过道德、法律等文字的熏陶，音乐更加成了唯一可以改造他们野性的精神力量。

据清代《广舆记·增辑》记载："黄帝登熊湘，作《咸池》，张乐于洞庭之野。"①在此之前的《庄子·天运》篇中也有同样的描述："帝张《咸池》之乐于洞庭之野，吾始闻之惧，复闻之怠，卒闻之而惑……"②这两个史料都明确了熊湘山的周边环境。也就是说，黄帝所登的熊湘山应该紧挨洞庭湖。而我们所确认的青秀山是否也与洞庭湖相连接呢？这是一个很关键的问题。

我们不妨回头看看青秀山坐落之处——沧水铺的地理特点。沧水铺，古为撞水铺，是南洞庭的边沿扩展到了此地，湖水与青秀山的余脉直接相撞，故为撞水铺。不过，上古时期的洞庭湖，面积虽大湖床不深，基本上属于沼泽地带。而黄帝是北方人，看到了南方山水相依并且农耕发达、生机盎然的青秀山，如同见到了新大陆。登山之后，在益阳县作《咸池》与诸侯同乐或者举行开国大典更是顺理成章之事。从这个角度来分析，青秀山与《广舆记·增辑》和《庄子·天运》篇的考证也是相吻合的。

而且，这两处史料不是一般的历史信息。它是论证青秀山即

---

① 蔡方炳. 广舆记增辑·湖广省·长沙府. 嘉庆七年.
② 庄子·天运. 上海古籍出版社，2009 年.

熊湘山的重要文献，也是确定黄帝在益阳县开拓发展的重要证据。

因为，在没有任何文化的洪荒之世，由野兽进化而来的原始人从未经受过文化的熏陶和教化，我们的人文始祖——轩辕，面对这种状况，既没有强行压制，也没有放任自流。而是以高雅、健康的文化《咸池》之乐，来感召陶冶先民的情操，达到天地同和、润生万物的效果。

汉代《风俗通义》对《咸池》功能的评价，更是不同凡响："击石拊石，百兽率舞，鸟兽且犹感应，而况于人乎？况于鬼神乎？夫乐者，圣人所以动天地，感鬼神，按万民，成性类者也。"①《白虎通·礼乐》篇，还对《咸池》这个乐名做了比较明确的解释："黄帝曰《咸池》者，言大施天下之道而行之，天之所生，地之所载，咸蒙德施也。"②

所以，黄帝登熊湘之后，在益阳县立国化民的头等大事就是"作《咸池》，张乐于洞庭之野。"如果按照司马迁的说法他邑于中原的涿鹿之阿，怎么会跑到几千里外的南洞庭来张乐呢？从情理上讲，黄帝立国与张乐的两大活动在时间上应该只有上午和下午之分，或者是今天与明天之分；在地点上，两大活动的场地不会有山水之隔，最大的距离不会超过步行半天的路程。二者的时间、地点必须是紧挨在一起的。尤其是张乐这个活动，应该是开国大典中的一项主要内容。否则，在洞庭之野作《咸池》，他张乐给谁看呢？是给集中在一起参加联盟的部落长们看，给都城周边的老百姓看。张乐的地址，可能就在出土三把摆着品字形石斧的笔架山乡新兴村，那里正好有一大片低洼的开阔之地，离熊湘山只有 10 多公里。

---

① 应劭. 风俗通义校注·声音. 北京：中华书局，1981 年.

② 白虎通疏证·礼乐. 北京：中华书局，1994 年.

而且，是凤凰湖的西南边沿。

不过，此乐到底是一种什么形式？是舞，是曲，还是歌呢？为什么有那么大的感染力？这些问题，从来没有人去研究。根据《咸池》的字意来分析：咸，即皆的意思；池，乃水塘或湖泊。大概是个人人都能参与的群众性水上活动。当然，《咸池》的另一种解释是：西王母修造给仙女们游泳的场所。但洞庭之野的咸池如果仅仅是游泳的话，不会有那么强大的吸引力。所以应该是个与划船竞渡有关的体育活动。

而且，这个活动可能还糅合了声乐、器乐、舞蹈、曲调等多种文艺成分，具有文体兼备、刚柔相济的特点。假如这一分析合理，那么，这种形式多样、内容丰富的活动并未失传。现在在离黄帝当年张乐（笔架山新兴村）只有数里之隔的兰溪镇还有这种活动传承的载体，即"兰溪双桡龙舟"。

对于龙舟，大学问家闻一多先生有过深入的研究。他在《端午考》里面说得很清楚："端午的起源与龙有着密切的关系……龙舟竞渡应该是史前图腾社会的遗俗。"[①]笔者也认为，龙舟活动并非始于汉、晋，应该始于新石器晚期的南洞庭。而且应该与黄帝的《咸池》之乐有密切关系。当时可能以竹筏举行了划船竞渡。

一般的龙舟赛都是一种纯粹单一的体育竞赛运动。而兰溪龙舟却独具一格。

划船水手使用的桡板都有三种：第一种是像木棍一样又长又窄站着划船的站桡；第二种是坐在船头180度甩动桡板，只做样子不下水的甩桡；第三种是又短又宽坐着划船的坐桡。有学者分

---

① 闻一多. 端午考. 上海：上海开明书店，1948 年.

析①，兰溪龙船的站桡应该来自黄帝的《咸池》之乐。因为，那时船还没有产生，只能用竹排当船划，而竹排浮出水面只有几厘米，水手的脚没有船舱可放，自然要站着划船了。

并且，兰溪人还把文艺与体育糅合在一起，每条船上除 120 多个水手之外，还配有声乐、器乐、铳炮、舞蹈、曲调的专职演奏人员。划船水手既是运动健将，又是演唱艺人。龙船既是体育运动的竞赛工具，又是文艺表演舞台。那种配着唢呐悠然愉悦的《龙船曲》和深情豪放的地方山歌，加上水手们轻划桡板，悠哉游哉地在江中展示的壮观场面，真是别有一番情趣。尤其，还流传了一首"自古龙舟黄帝兴，寻根就在《咸池》中。多少年来谁识得，只有兰溪久传承"的龙船歌。这首歌词非常直白地把兰溪龙舟的来历都唱出来了。

1987 年，法国电视台记者万奇也慕名来到了兰溪，他看了兰溪的龙舟之后十分惊讶地说："如果不是亲眼所见，谁也不会相信世界上会有如此精彩的龙舟文化。"兰溪人划船有两个目的：其一，以演唱和展示陶冶人们的情操；其二，以竞赛训练人们的团队意识和拼搏精神。

这一独特文化的存在，应该说不是偶然的。它与黄帝张乐的地方笔架山新兴村只有数里之隔。为什么这样巧呢？全国那么多龙船，唯独兰溪才有这种奇妙的文化现象。由此看来，《咸池》之乐与兰溪龙舟是有一定的内在联系的，甚至兰溪龙舟就是《咸池》之乐中延续下来的某个文化形式和文化内容。

另外，这兰溪还有一件怪异之事让人无法理解。益阳县都是汉族人，兰溪地域也是清一色的汉族人。但自古以来，兰溪的男女

---

① 是湖南省 2016 年，省级非遗项目书中兰溪双桡龙舟的《历史渊源》。

老少都知道唱山歌，内容也非常丰富生动，还闻名遐迩。1955 年，湖南省文化局派金汉珊同志到兰溪专门拍摄和录制了龙舟与山歌，并由中央人民广播电台制成了留声机的唱片。

但山歌是少数民族在山野之地随意哼唱的歌曲，节奏自由，腔调或高亢激越，或柔情婉转，汉族人一般都不唱，为什么兰溪的汉族人就流行唱山歌呢？兰溪是典型的湖区平原，只有纵横交错的湖汊河道，根本没有什么山，居然也有山歌。而且歌词内容非常丰富，如"太阳一出照四方，湖洲大地暖洋洋。游春靓妹河边坐，望穿双眼盼情郎。"接着男方对唱："三月正是春耕忙，播种豆菽插早秧。老少都无空闲日，要会情郎到端阳。"

这种场景，无异于西周时期《诗经·国风》里"关关雎鸠，在河之洲。窈窕淑女，君子好逑"的真实写照。有学者认为《诗经》里的民歌与兰溪山歌基本上趋于一致①。《诗经》里的民歌有些就是由兰溪山歌改编出来的文雅版本，流行在社会上的兰溪山歌是通俗版本。这一离奇现象，也许跟兰溪双桡龙舟一样，与黄帝的《咸池》之乐有关。可能在黄帝之前，还没有分族划类，兰溪的土著先人早就创作出了适合于水乡泽国演唱的山歌。或者是黄帝来了之后，由当时的乐官伶伦或黄帝元妃嫘祖教他们唱的。黄帝张乐时，山歌可能被定为《咸池》中的演唱内容之一。形成民族之后，兰溪人虽属汉族，但他们的祖先一直以此地山歌参过轩辕的开国庆典为荣，始终没有放弃这一习俗，所以才流传至今。

---

① 是湖南省 2016 年，省级非遗项目书中兰溪山歌的《历史渊源》。

五、以该县天子坟为证

秦代以前，尤其是史前时期，科学极为落后，我们的祖先无法解释自然界的各种异常现象，只能信奉天地鬼神。他们把统一民族的国家领袖当成是天上的星宿下凡，认为是上天派遣的骄子，故称为"天子"。而秦王嬴政吞并六国之后，他就君临天下，称自己为皇帝。但司马迁在《史记》的记述中，对君主的记载仍然以天子相称，很少使用皇帝的字眼。其实，天子与皇帝的意思和作用都一样，只是称谓不同以及所处的年代不同而已。不过，自古以来天子也好皇帝也罢，其埋葬之地统称为陵。

天子坟社区的领导成员

而湖南益阳县龙光桥镇有一墓地却独具一格，叫"天子坟"。

连坟地所在的行政区域也叫天子坟村，该村有人口 2412 人，土地 2800 亩，村下面还有个天子坟组，该组有人口 178 人，土地 135 亩。这个称谓，从古至今都是如此，从未有任何改变，就连"文化大革命"时期破"四旧"都没有破掉。也许这是全国 5000 年来唯一直接称天子的自然村和坟地。据当地一个 90 多岁的曹姓老者介绍："我们祖上相传，天子坟是三皇五帝时的坟墓，具体位置在天子坟组的山丘上，占地数十亩。但葬后不久，坟地就遭到了仇家的掘毁，遗体被焚烧，葬品被抢劫，只剩下了一片草木丛生的黄土，其子孙也被赶得离乡背井、东躲西藏……若干年后，墓地上还建了房屋……"至于到底埋的是哪位天子，破坏坟墓的仇家是哪个？谁也说不清楚。无独有偶，在与天子坟相距只有几十里远的桃江县灰山港和松木塘，分别还有天子坡村和天子山村，安化县田庄乡也有一个天子山村，资阳区长春镇流源村有一座天子桥。如此众多用"天子"命名的行政地域，难道说是偶然的吗？不是。这是说明轩辕在益阳开创帝业的必然结果。而且，这些村都应该与轩辕有密切的关系。可能轩辕在这些地方待过较长的时间或做过什么大事，故而以记载人物事件的方法命名。

这些地名和传说，非常奇妙，也非常直接和实在，略有见识的人都会想到，这不是平常那种似有似无的民间传闻。这里的地名和传说二者加起来，应该是一种活生生的事实。

但查遍历朝历代的相关文献，益阳县史前和史后连皇帝的影子都未来过，更不可能有什么墓葬之地。并且，在前面讲过，青秀山还有一块刻有《熊湘山记》的汉白玉残碑，碑文是确定黄帝登山是在益阳，但后面有一句："益阳自古无封国"的话。这句话的意思大概是确定益阳除轩辕之外，再也没有第二位天子到此封赐了。就算是有人来巡视过，死后也不可能葬在此处。葬在这里的，必然是长期在此活动或者创造过宏伟基业的天子，否则，无法解释这一客观存在的墓葬。

如果这种分析合理的话，这位天子就不是别人了，他应该与笔者考证的课题有关，与轩辕的身份和事迹相符。由此可以推测：这座坟墓中埋的天子，极有可能就是轩辕黄帝了。

除此之外，在离坟地1500米的东北方向，有一条小溪，发源于羊舞岭的铁芦村，经天城垸的观音塘进入兰溪河。溪流在帅家冲与石头铺的交界处有一座木桥，桥虽然不大，但名字很特别，叫作"龙光桥"。据当地老人讲述："在很久很久以前，一位远处来的真龙天子在益阳县落业，经常光临此地进行视察。而且每次都要在桥上经过，所以人们就把木桥命名为龙光桥了。"

显然，这个龙字与其他地方的龙字完全不同，根据我们民族习惯上的认识，一般都是视洪水为龙，视山脉为龙，或者以布雨镇海者为龙，像会龙山、龙虎山、龙门寺、龙山口等，都属于纯粹的神话类型的命名，而龙光桥的"龙"字，实际上指一个活生生的人物曾经在此活动，而这个人物是一位天子。中国人的祖先都喜欢把天子比喻为龙，因而理所当然地称为"龙光桥"。

这"龙光桥"的名字与"天子坟"的名字一样，从来没有任何改变。远远近近的人没有一个不知道的，就连现在的镇名都叫龙光桥镇。改革开放以来，各地都喜欢建工业园，赫山区（即益阳县）的领导也不例外，还看中了龙光桥的这块风水宝地和这个不同凡响的名字，在此建了个龙岭工业园。可想而知，天子坟和龙光桥这两个有密切关系的名字在南洞庭是何等的响亮和深入民心。应该说这是史前时期就有的称谓，是当地老百姓根据实情代代相传，流传下来的。由此可以得知：这两个地名，并非命名者心血来潮的随意所取，而是以人物事件为依据而得来的。

而且，这个坟地与前面谈到的两组石斧的出土之处都只有15公里左右。三点基本上连成了一条横贯东西的直线，坟地居中，好像是肩挑两组石斧的样子；又像是东与西前后护卫或左右护卫的形状；如果把青秀山联系起来，两组石斧的出土之处与青秀山形成的则是一个等腰三角形或品字形的几何图形。这种摆布，不知我们的祖先是有意还是无意？也不知道这里面又隐藏了什么难以破解的玄机？

此外，据当地流传，在黄帝来益阳的同时，距青秀山东北20公里的湖泊之中，经常出现凤凰来仪的祥瑞。传说中，凤凰羽毛呈五种颜色，游乐于绿水之上。当地先民把凤凰来仪的原址命名为"凤凰湖"和"来仪湖"，凤凰湖至今还在，来仪湖则改成了烂泥湖。无独有偶，也是在同一时期，离青秀山西南20公里的一个山顶上经常有鸾凤和鸣，声音洪亮而悠扬。当时轩辕称该山为"鸾凤山"。此山至今还在，山名从未改变。黄帝受此祥瑞的启发，还制定了一套男婚女嫁的伦理规章，严禁朝秦暮楚的任意婚配和母系社会的"走婚"制。并开始强调婚姻的相亲相爱及家庭成员中各自的职责义务。就连后世的周公之礼和孔子的道德思想，其中有相当一部分都来自轩辕在益阳制定的伦理准则。

后来历代文人写婚庆对联往往要在"鸾凤和鸣"四个字上去作文章，以此来比喻琴瑟和谐、夫妻恩爱，却不知其出处可能源于4000多年前的益阳县。虽然，此后其他省市也出现过凤凰，但似乎都没有益阳的"来仪"与"和鸣"这么完美。这些传说和地名的产生，应该说不是偶然，应是与黄帝身份一致又能互相验证的地名文化和民俗文化。

另外，还有一桩与这个文化完全吻合、配套的奇事：在离龙光桥西面十五公里的群山之中，有一个行政地域叫崆峒村。在此村五公里之内，四周都是高山，东有国王山，南有王后坡，西有端阳山，北有将军山。而中间是一块三平方公里的长条形平地。山上和附近的山林都是清一色的又高又大的楠竹，早年，被定为了全国五大竹乡之一，近年，林业部还寻到这里办起了楠竹研究所。

本来，这稀有的竹海云蒸霞蔚、烂漫芳菲，已是人间最高雅清幽的胜地了，谁知旁边还有潺潺溪水、数里荷花的烘托，崆峒村简直成了世外仙境！而且，在离此二十多公里的地方，有一座同样神奇的浮丘山。当地人认为所谓的"不周山"就是浮丘山，相传乃女娲炼石之地。

根据崆峒村的自然环境和周边富有特定意义的地名来看，这里可能湮没了一桩神秘的往事。后人传说轩辕找广成子问道的地方有可能就在此地。

因为，广成子是云游天下和静心修炼的神仙，连凡间雅士都知道"宁可食无肉，不可居无竹"的超凡脱俗之理，凤凰也非嫩竹不食，难道广成子就不知道竹林的高雅吗？不是！他会理所当然地选择在益阳市桃江县崆峒村隐居。只是被后世的学者们编写到北方去了。说是住在崆峒山的一个山洞里，这应该是不可能的事！因为山洞是毒蛇猛虎的栖息之地，又阴暗潮湿。广成子肯定会选择竹林风雅的山坳，怎么会住在山洞里呢？而且，据另一种说法：广成子乃太上老君的化身，是专门给轩辕大帝排忧解难的。既然是给人间的帝君排忧解难，则更加不会躲在山洞里了。

其实，崆峒村周边的几座大山也能给予有力的验证。像国王山、王后坡、将军山（秦代以前，世人都称国家君主为王）说明轩辕大帝当时去崆峒村找广成子问道，并非独自一人，还有王后和将军随同。且不是一天两天，可能住了较长时间，所以，才有这几个有纪念意义的地名在同一个村子里出现。

　　至于西边的端阳山，如果是孤零零地独立在别的省市，没有相应的文化支撑和配套，山名则是偶然所取，或是近古时期所取了。而它近在咫尺的国王山和崆峒村边上，任何有文化素质的人都会借此山名自觉地产生一种联想：原始时期，每年的古历五月，阳气开始旺盛，气温升高，大量蚊虫、蛇蝎，病毒、疾厄涌现祸害人类。轩辕找广成子问道，秦汉的某些学者，说他问的是自己长生不老之事，这是不准确的！一位如此伟大的人物，怎么可能问自己的长生不老呢？应该问的是如何消除人间五月具有往复性的病患、祸害之事。

　　可能广成子告诉他，把每年的五月初五这个毒辣之日定为"端阳节"，家家户户利用菖蒲艾叶等中草药来驱除邪恶之气，并号召先民出外游玩。轩辕自然言听计从，把五月初五定为了端阳节。可能当时，当地人为了纪念，所以将该山命名为端阳山了。可见，端阳节的起源并非秦汉时期，也不是战国时期，而是始于新石器晚期的轩辕大帝。地点，就在益阳市的桃江县。

六、以该县方言为证

　　语言是人类社会独有的交际工具，人类诞生的同时就标志着人类语言的产生。当然，这是指区域性的方言。任何地方的方言都是在长期的历史发展过程中受政治、经济、文化、地理等多种复杂因素的影响而逐步形成的。益阳县的方言自然也不例外，不过与其他地方方言相比，却又别具一格。

　　其发音、吐字虽然经历了近5000年的演变，但仍有绝大部分与上古时期最原始的古汉语读法基本上没有什么区别。如《敕勒歌》中"敕勒川，阴山下，天似穹庐，笼盖四野"①的"野"字，如果按普通话读"yě"，就不符合古代声韵要求，按古音读"yǎ"才能合韵，在益阳县的方言中，这个字也是读"yǎ"。宋代苏轼的《少年游·去年相送》中"……风露透窗纱。恰似姮娥怜双燕，分明照，画梁斜。"②的"斜"字和"远上寒山石径斜"的"斜"字，如果用普通话读"xié"，也不符合古代声韵要求，要按古汉语的语音读"xiá"，才能合韵。这个字，益阳县方言正好也是读"xiá"。

又如宋代姜夔的《探春幔·蓑草秋烟》中"……无奈苕溪月，又照我扁舟东下。甚日归来？梅花零乱春夜。"③的"夜"字和同时期蒋捷的《女冠子·蕙花香也》中"……江城人悄初更打，问繁华谁解再向天公借。"④的"借"字，这两个字按普通话读"yè"和"jiè"，显然也套不上前后的韵脚，准确的读法应该是"yǎ"和"jià"，而这种读音又与益阳县的方言一致。

如清代诗人陈大章的古风《登小孤山》中"……参差楼观丽朝霞，绣鬈珠箔颜如花。阴岩咫尺蓄雷雨，怪树千年盘龙蛇……"⑤这几句诗的"霞、花、蛇"三个字，如果按普通话读，前面两个字与后面的"蛇"字根本套不上韵。但这个"蛇"字，用益阳县方言读"lá"，就与前面的两个字合得上韵。而且，古汉语也是读"lá"。李白的古风《梦游天姥吟留别》中"……世间行乐亦如此，古来万事东流水"⑥的"此"和"水"字，属于古代的纸韵，"水"字不能用普通话

① 乐府诗鉴赏辞典. 魏晋南北朝乐府·敕勒歌. 郑州：中州古籍出版社，1990 年.

② 宋词选. 苏轼. 少年游·去年相送. 上海：上海古籍出版社，1982 年.

③ 宋词选. 姜夔. 探春幔·蓑草秋烟. 上海：上海古籍出版社，1982 年.

④ 唐宋名家词选. 蒋捷. 女冠子·蕙花香也. 上海：上海古籍出版社，1980 年.

⑤ 古代山水诗一百首. 陈大章. 登小孤山. 上海：上海古籍出版社，1980 年.

⑥ 古代汉语. 下册. 李白. 梦游天姥吟留别. 北京：商务印书馆，1999 年.

读"shuǐ"，要用古音读"xǔ"才能合韵。而这种读法又与益阳县的方言相同。

就连现代诗人毛泽东的《蝶恋花·从汀州向长沙》这首词的声韵也不例外。上半阕的"六月天兵征腐恶，万丈长缨要把鲲鹏缚。赣水那边红一角，偏师借重黄公略"①。这四句话中间的"恶、缚、角、略"四个字，如果用普通话读，应该是"è、fù、jiǎo、lüè"。然而，这样读简直五花八门，有四个不同的声韵，显然，不符合古体诗词的要求。如果用益阳县方言的"梭、波"韵来读：wò、bò、guò、liò 这四个字都能入韵，而这种读音，也与古汉语的读法没有任何区别。

当然，绝大部分专家学者还是注意了韵脚部位的汉字，按古汉语的声韵去读，却往往忽视了其他部位的词句。像李白《赠汪伦》②这首七绝中的"白、乘、欲、岸、上、水、情"七个字也不例外，照样要用上古语音读："bó、léng、yào、ǎn、lǎng、xǔ、lín"。因为，古人并不熟悉现在流行的普通话，正如司马迁不熟悉标点符号一样，他们只懂得古汉语的声韵。长长短短的文章，无论是句尾的韵脚还是中间的词句，都是用古代声韵的汉字写成的。所以，只有全部用古汉语的声韵去读才是真正原汁原味的古文古语。然而，这七个字的古音读法，又与益阳县的方言一模一样。

由于古代语音很难确定，后人除摸索出了几个常用于押韵的字之外，其他汉字根本就不知道应该怎样去读。所以，现在许多专家学者主张用眼睛去读古文，只好偏重古汉语的注释和修辞方法。其实，这是回避矛盾。明代古音学家陈第认为："以今之音读古之

① 新选唐诗三百首. 李白. 赠汪伦. 北京：人民文学出版社，1980 年.
② 毛泽东诗词选. 蝶恋花·从汀州向长沙. 北京：人民文学出版社. 1986 年.

作，不免乖剌而不合。"当然，这不是本文的论题，只是顺便说说而已。上述事例，可谓举不胜举。

实际上，上古语言与益阳县的方言，二者之间，几乎没有什么太多的区别。也许有人不会相信，如果按上古时期的声韵写作诗词，其他地方的中文系教授都很难入韵。而益阳县的中学生套古韵却十拿九稳且不费吹灰之力。

因为，该县小孩在入校之前的两至七岁经父母亲友的培育，早就学会了大量的本地方言；倒是入校后，受普通话的影响，在刻意改变和纠正。这一特殊现象说明了什么问题呢？说明益阳县有可能是古汉语读音的发源之地。

更为怪异的是，普通话的"j、q、x"和"d、t、l"等多种声母和无声母的汉字都被益阳县人用方言读成了"l"声母。像最具典型的益阳县口头语："请坐(lǒ)，呷茶(lá)和"一条(liáo)蛇(lá)，丈(lǎng)把长(láng)"等，该县人民几乎把 1/2 的汉字都派上了"l"声母。

这一怪状，简直不可思议。而究其原因有三：第一，是"l"声母在古汉语的读音中本来就占有相当大的比例；第二，是这些汉字的发音都属于上古时期浊声母的舌尖音，而边音"l"也是舌尖音，二者同属于浊音(发音时声带颤动)之列，只是由闭塞的浊音变为紧缩的浊音而已；第三，是由于两个舌尖音的发音部位和发音方法有相同或相近之处，二者容易混淆。所以，随着时间的推移，才逐步形成了这些汉字声母在益阳县的边音化——几乎全部变成了"l"声母。

而且在益阳县的方言中，还有一部分失落了声母"h、x、f"的汉字。像"河、韩、霞、项、肥、焚"等，这些汉字，益阳县人根本不需要带声母，只要张口就能准确无误地读出来。至于声母的失落，也与古汉语的浊音有密切关系，是古代浊声母语音本身不稳定造成的。反过来说，如果益阳县传承的不是古汉语读音，自然就不会受浊音的影响而有上述变化。

当然，也由此得知，益阳县从古至今传承的语言就是古汉语的标准读音。但如此重要而又博大的文化为什么会由益阳县来传承？这古汉语又是从何而来，由谁而定呢？这些问题，几千年来，一直成为了有关专家学者们的不解之谜。

不过，大家都有一个统一的认识，认为益阳县方言绝非土话。其背后是否隐藏着石破天惊的秘密，只是暂未破译而已，后人应该如实记载。就连现代益阳籍史学家周谷城（曾任全国人大副委员长）、理论家周扬（曾任中共中央宣传部副部长）、文学家周立波也是这种看法。

早在1957年，大作家周立波就深入益阳县的桃花仑乡竹山湾体验生活，以该县方言写了一部长篇小说——《山乡巨变》[①]。这是我国第一部用益阳方言叙事与抒情的文学作品。

湖南教育学院教授陈蒲清先生于1979年专门编了一本《益阳地区方言与普通话教学》的指导性教材。陈教授把益阳方言正式推上了讲台。

确实，益阳县方言非常接近古汉语的这一事实，确非巧合，亦非天赐神传。

他与笔者考证的课题可能也有直接的因果关系——是4800年左右，中华民族最早文明王朝语言传承的必然结果，是古国首都的原始人给益阳县遗留的不可磨灭的珍贵文化。也是说明黄帝登熊湘山之后，长期在此扎根拓展的重要依据。

由此可以推测，当时黄帝的大臣仓颉和沮诵是以益阳县土著部落的语言为基础，整合了其他部落的部分语言为古国常用口语

① 周立波. 山乡巨变. 正篇. 北京：人民文学出版社，1959年.

的标准读音。所以，古汉语和益阳县方言才能如此吻合。至于某些省、市方言也有与古汉语相似的现象，则是当时推行上古语言而未全部学会又未彻底失传的结果。历代以来，人们都把中华民族的始祖文化称为炎黄文化。其实，炎帝仅仅只是选育培植了五谷，其他所有文化都是黄帝及其文武大臣创造出来的。

七、以该县民俗为证

黄帝在益阳县建立了文明王朝、统一了全国、确定了语言之后，为了社会的进步，他集中了各部落的精英进行创造。首先，由隶首、容成、鬼臾和仓颉等七位大臣根据伏羲八卦和甲历制定了一部简单的太阴历，世人称为"黄历"，但这个黄字，是炎黄的黄。从黄帝就位的纪元起，到1983年已历78个甲子，每个甲子是60年，即4680年。他们砍伐山中竹木创造了一种用木板做轮子的独轮车和头尾稍跷像船一样的竹筏。那种车，益阳人称为"推车子"，方言读梯差子，直到20世纪的60年代才逐步消失。黄帝一生还积累了大量的治病奇方，被后人编成了《黄帝内经》。在思维的开导方面，也总结了一套成功的经验，被后人编成了《龙虎经》和《阴符经》流传后世。同时根据洞庭湖盛产鱼虾的特点，利用益阳县的苎麻结成手网、麻网、拖网等多种捕鱼工具。这些渔具很容易制作，网脚需要重物压住，就吊石头。后来有了金属以后，人们才改用铅脚或铁脚。现在，渔民仍然是靠这些工具捕鱼，只是将尼龙取代了苎麻。

益阳县是全国稻耕最发达的区域，但稻谷不像北方的玉米、小麦，需要脱壳成米之后才能煮食。当时，最原始的脱壳办法是：用两块石头对谷粒进行搓挤，工作效益十分低劣，一天都搓不了几斤米。

黄帝在益阳开创王朝基业，他有众多的军队和随从要吃粮食，不可能用石头去搓。在那种急需的情况下，他创造出了凹穴粗浅的石臼。将稻谷倒入臼里，用木棍（即杵）捣去谷壳。后来，各地都相继效法，凹穴也被人们逐步加大加深。这种脱壳工具，益阳人称为提（碓）臼窝子，到20世纪的60年代才被淘汰。现在，该县乡村到处都有这种废弃了的遗物。

人类最初并无布鞋，而是草鞋或苎麻编织的麻鞋。这就是南洞庭流传的草鞋编织架

世人都说黄帝制舟车，但当时肯定更简单。这就是南方最流行的推车（益阳言方称梯差子）

不过，石臼的工作效益并不理想，做五六十人的粮食供应还算可以，但无法满足黄帝众多人口的需求。而事物总是在需求中发展。于是，黄帝根据石头搓、挤、脱去谷壳的原理，又创造出了用木片做上下槽齿的推子（益阳方言读梯枝）。推子上下都是圆形，直径大概60厘米，分上、下两节。下半节固定不动，底部有三只脚在地面支撑，上面用黄土嵌住了木片槽齿。上半节的下面也安了同样的槽齿，上层是装谷的谷斗。上半节可用手推，使之转动，谷壳经不起上下槽齿的搓挤自动与米分离。但推出来的米很粗糙，

益阳人称为离子米。离子米要经过碾子碾去米皮之后才是精米。其实，离子米的营养比精米还要丰富，只是吃起来口感没有精米细腻。推子是加工大米效益最好的工具，一张推子每天可供应600人的口粮。

原始时期，未经轩辕改造的伞形屋

人类最早的稻谷脱壳工具，
益阳人称为推（读梯）子

长期以来，益阳一直有专门制作这种工具的师傅，益阳人称之为推（读梯）匠。据千家洲乡秋湖港村祖传推匠蔡洛文先生介绍："轩辕是推匠行业的祖师，我们每年都要进行朝拜……"不过，这种脱壳工具，也像提臼窝子一样，在20世纪60年代就被打米机取代了。

益阳县的木匠也与其他地方不同，他们分为大木和小木两种技能。起屋造船和制作农具的称为大木师傅；打造家什和圆形器具的称为小木师傅。大木师傅尊黄帝为祖师；小木师傅尊鲁班为祖师。黄帝之前，益阳人的屋都是伞状形的。中间竖一根木材做中柱，周围像伞骨一样架置斜木，斜木的尾部搁在土墩之上，屋面用茅草或芦苇铺盖。

据该县千家洲乡太平桥村祖传大木师傅莫桂生先生讲述:"黄帝来益阳后,有很多人要在此居住,而伞状屋都是独立的,不好连线扩展。他就彻底改变了原有的屋形,在中柱的两边隔一定的宽度又竖中柱,而且,可以根据要求增设若干个;中柱的前后都立一根矮柱,矮柱和中柱之间用斜木连接;中柱和中柱之间用横木连接;然后,在斜木之上又搁横木。这样,就初步形成了一间间连在一起的缝子屋。但这种缝子屋木材与木材的交接处当时都未凿眼锯隼,全是用绳索或藤条捆扎的,二三十年后又要拆毁重建。不过,这种结构合理的缝子屋一直流传到现在。所谓栋梁之材的"栋"就是指这种缝子屋的屋柱,"梁"就是指连接缝子的横木。因为屋宇是黄帝创造出来的,所以益阳的大木师傅都称黄帝为"祖师。"

尤其值得注意的是,其元妃嫘祖(西陵氏)利用当时唯独南洞庭才有的苎麻(据说是西王母知道南洞庭有王者之气,而人类不穿衣服,长年受冻,实在可怜,并且又不雅观,她就抓了几把苎麻种籽撒在益阳。当然,这种神话并非真正的理由。主要是南洞庭独特的气温、雨水、土质等多种自然优势的产物),编织出了一件件的麻衣、麻裤,正式结束了原始人靠树皮、树叶遮身的历史,也改变了益阳人用麻披(即手工编成的长条形麻片)遮羞御寒的习惯。他们将麻片从肩部开始,背后披一块,胸前披一块,前后都齐小腿,腰部用绳子捆住。

虽然,益阳县的"麻披",并非真正意义上的衣服,但它是人类社会最初衣服的雏形。后来,嫘祖将野生矮小的青麻正式培植成了苎麻;后人在麻衣、麻裤的基础上进行更高层次的创造。用大拇指的指甲将一片片的苎麻剖开,撕成一根根长短不一的细纱;然后将细纱的头尾连接起来,绕成一束束的麻纱;接着用黄帝创造的简易织布机织成麻布，又用麻布做成衣服。人类社会的衣服就是这样出现的。

连长辈死后，晚辈也要用一块长条形麻布(当时还没有其他布料)披在背后，以示孝敬。而且，对父母的守孝期分为两种：第一种，是守"五七"，即35天，时间虽短，但要求严格，这期间要在家中哀思，不得寻欢作乐、剃头剪发、外出远行等等；第二种，是守三年，条件比"五七"稍微宽松一些，但时间不能短少，连朝中达官贵人都不例外，如有紧要军务政务在身，当然也允许夺情尽忠，不守这么长的时间。后来，各地相继效法。所以，从古至今全国都有披麻戴孝之风，亦有披麻戴孝之说。

当然，也有人认为：人类最初的衣服是丝织品，显然，这是不太准确的。因为，丝织品光滑凉爽不能御寒，只能遮羞。而人类最初的迫切需要并非遮羞，而是御寒。并且丝织品的材料来源匮乏，从栽桑到缫丝、纺织的周期又长，流程复杂，在新石器晚期不可能有豪华型的丝织品出现。

在创造衣服的同时，嫘祖还利用南洞庭经久耐用的苎麻编织出了麻鞋，正式结束了先民赤脚生活的历史。这种麻鞋的编织架结构非常简单，社会进步后，有了正式的鞋子，人们又用于编织草鞋，直到20世纪70年代这种工具才逐步消失。

此外，益阳人还有与麻有关的几大习俗，很有必要介绍：一是益阳的婆婆妈妈继承古传，几乎都有一个绩麻的麻桶和一个与之配套挂麻的十字架。她们利用空闲时间绩麻，再用织布机织成麻布，或者自用，或者出卖。二是益阳人极为重视生活用品中的生布(即麻布)帐子。尤其是新婚夫妇，宁可别无一物，但生布蚊帐不能少。当然，这也是女方的必备之物，即使再穷再苦的女子，讨米也要讨一铺生布蚊帐出嫁。

如此重视生布蚊帐的理由有三。第一，认为生布蚊帐是祖先黄帝和嫘祖在益阳创造出来的产品，子民必须代代相传长期使用；第二，生布蚊帐最初是黄帝和嫘祖夫妻二人共帐之物，意味着婚姻关系的和谐及繁衍后代的昌盛；第三，麻是西王母所赐，布是嫘祖发明，认为是神奇之物，有消灾避邪之功。

孕妇生产时，如果遇上难产，他们最怕有生产鬼（即死亡产妇的阴魂）和其他妖孽从中作祟，要用捕鱼的麻织品手网子从床顶开始把床铺围住，连床底都要兜得严严实实。有的，还安排血气方刚的男子，身上披一块麻布，举着一把燃烧的麻秆在屋前屋后驱逐鬼怪，口里念着"黄帝嫘祖显威灵，驱除妖孽保子民"的祈祷。这些习俗一直传到 20 世纪 50 年代。

而且，在资江沿河 20 里长的益阳老城，自古就有九宫十八庙。而其中的一所是轩辕庙。此庙供奉祭祀的是黄帝与其元妃嫘祖和文明王朝的部分官员，益阳的男女老少无不虔诚朝拜。尤其是种麻、纺织和缝纫等行业的人士，一直是以黄帝和嫘祖为该行业的祖师。因为，他们的祖先不光亲眼看见了最初衣服的创造者，而且还亲受其教，学会了种植苎麻、纺织布料和缝纫衣服的技术。所以，才为他们立庙供奉香火，以示纪念。不少人干脆称嫘祖为"麻祖"。有的种麻农户还雕一尊嫘祖之象摆在家里，每天张香换水、早晚参拜。就连益阳办丧事唱的《孝歌子》，其中也有"神农播五谷，黄帝制衣巾"的唱词。遗憾的是轩辕庙早已拆毁，但《孝歌子》的唱词至今还在流传。

轩辕扎根益阳之后，受当地鸾凤山祥瑞"鸾凤和鸣"的启发，彻底废除了母系社会缺少情义职责的"走婚制"。所谓走婚，就是成年男子不管走到哪里，只要女方同意，就可以结婚。而婚后所生儿女都是由女方养育。男方没有任何责任，也没有什么地位，并且，还可以走到其地方又与别的女子结婚。因此，那种婚姻是松散型的，家庭和社会都不稳定。轩辕废除旧习之后，规定由男方迎娶女方，组建定居家庭，女方主内，男方主外，且不得无理离婚，所生儿女夫妻共同养育，儿女成年之后，必须赡养父母和祖辈，等等。

其实，这就是家庭伦理，也是儒家思想的起源。

无独有偶，青秀山上的清修寺内除南岳故宫之外也有一座属于道教的轩辕殿。殿内摆设的也是无为而治王朝部分官员的雕像。轩辕身披麻布圣像威严，两手横持巨斧，大有横扫五方，一统天下之势。周边府县，无论是佛门弟子，还是俗家仕民，都要专程到此朝拜或群体祭祀。香火比其他佛殿都要旺盛。其南岳故宫是全国最早，规模最大的圣帝庙，它建于公元 373 年，比衡山的南岳庙都要早建 170 多年。据民间传说，是圣帝菩萨嫌青秀山的地势没有衡山高大，自己飞到衡山去的。所以，青秀山的南岳殿被称为南岳故宫。这清修寺系东晋慧远禅师所建。他是山西雁门人，走遍了全国很多府县，连衡山和神农架都没有看上，却看中了益阳青秀山这块风水宝地。他为什么会看中此地，可能与轩辕在此登山有关。

据现代佛门领袖佛源大师介绍："慧远出身贵族，是佛教净土宗的始祖，在全国修了很多寺庙和佛殿，这并不奇怪。但作为一个佛教徒在沧水铺清修寺建了个属于道教的轩辕殿，这就有些反常了。并且他一生只在此处建了这一座道教之殿。说明他当初选的庙址可能就是轩辕祭坛或轩辕大帝的其他什么遗址，修建轩辕殿，是他对占据和破坏轩辕遗址的补偿，否则无法解释这一反常行为。"

更难理解的是，在青秀山上的清修寺内，居然集儒释道三教共存一寺。在全国，三教共存一山的都为数不多，共存一寺的就绝无仅有了。虽然，三教互不排斥，但他们有各自的教义和修养方法，一般都是单门独户自立庙堂，独设山门。为什么其他地方都不能共存，唯独清修寺就能共存呢？这个疑难问题，说不定也与黄帝在益阳县创立大融合的"和"文化有关。是"和"文化在轩辕国都之地寺庙中的具体实践。

八、结束语

以上一系列的佐证和与轩辕身份相吻合的独特文化，可以推测说明青秀山就是熊湘山，也可以推测说明益阳县乃是轩辕文化产生的源头。

所以，本文立论，可能纠正了2000多年来的历史错误。同时，也挖掘出了已经沉没在历史深渊的最早文明王朝的部分文化。

至此，熊湘山才大白于天下，它很有可能就是现在的青秀山。黄帝花费了多年心血，从陕西北部出发，东征西剿20多年，行程七八万里，终于在洞庭之滨找到了适合他发展的用武之地。他恩泽四海、感化万民。并在巡视的最后一站——青秀山，举行了答谢天地的庆典，大会天下诸侯(即部落长或酋长)。才成功地缔造了大团结、大融合、大一统的最早文明古国。开创了人类史上从分散流动到集中定居、从游牧渔猎到垦地种植、从争夺攻伐到友好协作的最早文明。

(作者系益阳市轩辕文化研究会会长、湖南省蚩尤文化研究会副会长、台湾海协会特聘大陆文化委员。)

锲而不舍的重大突破

——兼评莫晓阳先生《益阳县轩辕文化之初探》

何光岳

几千年来，中国文史中对轩辕黄帝的介绍，由于时间的跨越太远，又无文字记载(还处于模糊史学时期)，所以，历代的学者们只能从传说中记下只言片语，从来没有见过系统的描述。正因为时代久远、资料奇缺，才成了几千年来无人涉足去研究的盲区。就我而言，我是湖南省社科院炎黄文化研究所所长和省炎黄文化研究会会长，按理说我应该研究这个课题，但由于上述原因，而未曾涉足这个领域。

想不到 2012 年，我看到益阳市资深学者莫晓阳先生关于《益阳县轩辕文化之初探》的学术论文，我惊奇地读了几遍。作者的文章不光使我茅塞顿开，而且，还使我钦佩不已。尤其了解到作者在没有工资的困境之下仍继续研究该课题，我的怜悯之心便油然而生。在此，我谈四点感慨和三点建议。

一、难能可贵的精神，自己掏钱研究史学

这篇文章不是学术会上的发言稿，而是会议之后，莫晓阳先生根据与会学者须交发言稿的要求多次催我补写的。其实，我准时

参加了益阳市第一届轩辕文化学术研讨会。不过那天的发言，我没有写稿子，也没有谈学术上的事。我是被作者的奉献精神所感动，从良知的角度出发，只谈了作者没有工资，没有项目经费，靠自己掏钱搞学术研究的感人事迹。他从 20 世纪 80 年代开始就研究这个课题，当时，改革开放才起步，凭他的能力和水平，完全可以成为一个有钱的大款。然而几十年来，他不计荣辱得失苦苦地坚持了跨越世纪的漫长探索，其困难可想而知。所以，在那次会上，我就当着益阳市和赫山区党政领导的面，专门讲了莫晓阳先生的可贵精神以及生活上、学术上的困难，希望引起领导的关注。其实，他年轻时曾在益阳县文化馆工作了 10 多年，文学创作水平也相当高，20 世纪 70 年代还是全省的先进典型。中年就开始从事历史文化研究，他把自己的一生都奉献在党的文化事业上，却没有拿工资。

后来，听说市委常委罗智斌同志准备找赫山区解决莫晓阳先生的工资问题。谁知会议后不久罗部长调走了，新上任的领导不熟悉情况，希望又成了泡影。之所以在这篇文章中我又旧事重提，是因为我相信益阳市也好，赫山区也好都不缺这个学者应拿的那份工资，总会有领导去为对社会做出了重大贡献的学者莫晓阳先生解决困难的。

二、大胆破解了误导人们的错误考证

作者的论文是从司马迁的《史记》着手的，他虽然引用了"黄帝……披山通道，东至于海，登丸山及岱宗。西至崆峒，登鸡头。南至于江，登熊湘"的这段史料，但他注重的是"登熊湘"三个字。而给这三个字作注的有四位史学家。这四位史学家中除了东汉时期的应劭是一山论外，其余三个都是二山论者，也就是把熊湘山肢解成了熊耳山和湘山。正是由于二山论者的错误考证，才使真正的熊湘山湮没在史学界的深渊。而且，历史上从来没有哪个学者对这个错误表示质疑和纠正。甚至连最具权威的工具书《辞源》都跟着说是："考乃二山也，一为熊耳山，一为湘山。"可见，二山论给文化界和教育界造成了多大的负面影响。其实，西汉时期的司马迁根本就不会把熊耳山和湘山写成熊湘山。就算按照现代并列法来写，也应该在"熊"字后面加上顿号，人们才会认为是两座山，而西汉还没有出现标点符号，司马迁怎么会把连在一起的"熊湘"二字作两座山来表达呢？显然，这已成了史学界的一大错误铁案，谁也翻不了案了！

幸亏作者凭自己清晰的思路和渊博的学识，不惧权威，敢于从"登熊湘"三个字入手，拿南朝的裴骃和唐代的司马贞、张守节三位著名史学家开刀，大胆地推翻了他们的错误考证。而且，推翻得合情合理，毫无牵强之处。光凭这一点就能确定，莫晓阳先生为国家的史学工作做出了重大而不可磨灭的贡献，给他评个"全国劳动模范"都不过分！

三、利用多学科参证，来还原历史真相

纠正了注解的错误之后，作者才正式明确了轩辕登的是熊湘山，而不是什么熊耳山或湘山。接着，作者运用文献与考古相结合的二维论证法来求证熊湘山就是益阳县的青秀山。在前面的求证和后面的佐证过程中，作者运用自己的平生所学，综合民俗、历史、地理、方言、宗教等多种学科参证的科学方法。再配以多重证据法、图文互证法、实证法、排除法和综合比较法等一系列的论证

手段，像剥笋子一样，一层一层、一环一环地条分缕析，才把人们从遥远、杂乱的史学迷雾中清晰地解脱出来。尤其在文章的后部分，还用了较大篇幅的本地民俗和方言来进一步佐证，形成了一个系统的证据链。文章中的论点虽然有史料和文物等证据支持，但如果没有这一部分，力度自然就大打折扣了，因为任何一个特大文化的诞生，首先受到影响的就是其周边的人和事，也就是与轩辕身份相适应的配套文化。

其实，轩辕走遍天下，最终选择在南洞庭的益阳县扎根创业，这不是偶然的！据我所知，早在8000多年前的新石器早中期，当时还是母系社会，就有两支势力较强的赫胥氏部落活动在华夏大地。一支在陕西蓝田县的华胥乡，因为赫胥氏亦称华胥氏，所以，才有华胥乡之称；南方也有一支，在湖南益阳县的赫山镇，山名即由此而来。而赫胥氏乃三皇五帝之祖，轩辕选择在南洞庭的赫山区创业，虽然有地理、气温、水源、物产等多种优势的吸引，但也不排除冥冥之中其祖先赫胥氏有意让他认祖归宗的引导。所以，无论是从唯物的还是唯心的角度考量，这都是一种历史的必然！关于这件事，在那次学术会结束时，我还跟益阳市委罗智斌部长和莫晓阳先生进行了交谈。

四、论文中的诸多不足之处

《益阳县轩辕文化之初探》的论文最初引用的是司马迁《史记》中对轩辕介绍的部分史料。当然，也不能说作者是断章取义。不过，后面那句："北逐荤粥，合符釜山，而邑于逐鹿之阿"是司马迁对轩辕扎根之处的定位，而作者经过多方论证，定位在南洞庭的益阳县(即赫山区)。

确实，司马迁与轩辕相距 2500 多年，他所记载的史料全部来自民间传说。而相距几千年的传说，在这漫长的期间内，中原人一直戴着有色眼镜瞧不起南方人，称南方为"南蛮"，是否在夏、商、周就有人根据自己的主观愿望逐步修改了传说，甚至把发生在南方的重大事件都移到中原去了呢？这个问题，又有谁知晓呢？所以，作者在这里应该有个合理的解释：为什么轩辕创业不在涿鹿而在南洞庭？

其次，作者在文章中的一些提法和结论，有的显得过于牵强，有的则过于武断，这都是应该仔细进行推敲的。如 21 页的第五段："他与笔者考证的课题也有直接的因果关系。他应该是 5000 年左右，中华民族最早文明王朝语言传承的必然结果。"对于这种语气和提法，本人觉得过于强硬，尽管有一定的道理，但也只能用"也许"或"可能"之类的词汇来表述。

还有第一页的第一段："这熊湘山是黄帝巡视的最后一站，也是他扎根创业之地。"这句话的"最后一站"四个字，似乎有点不准确，因为，轩辕统一华夏部落之后，仍然到处巡视。如果说，此地是黄帝南下巡视的最后一站，那倒有点可能。

尤其是文章的最后一段："青秀山也终于可以自豪地向世人宣布了：这座山是具有伟大历史意义的炎黄文化的发祥之地！"这一结论的提法，本人认为也是不妥当的。就算是轩辕在益阳县创立了文明王朝，但他一生有很多活动过的地方，甘肃天水是的，河南新郑也是的，益阳县也只能称为发祥地之一。

五、对益阳轩辕文化研究和开发的建议

以上谈了四点感慨。下面，我再谈三点建议。

第一，莫晓阳先生几十年来锲而不舍、孜孜以求，已经为社会和地方做出了重大贡献，就连益阳市委常委罗智斌同志做总结时也强调说："莫先生能把益阳与轩辕文化对接起来，这本身就是一大了不起的贡献!"所以，建议赫山区或益阳市给他解决生活上和学术研究中的困难，使其有更多的时间和精力进一步去研究益阳的轩辕文化。

　　第二，为了更好地深入和全面地探索南洞庭上古文化，建议益阳市或赫山区安排适当的经费让莫晓阳先生去组建和成立益阳市轩辕文化研究会。其实，这件事在第一届学术会做总结时，市委常委、宣传部部长罗智斌同志在大会上已安排了莫晓阳先生去组建和成立。不过听说罗部长调走之后，无人安排经费而至今没有办好。

　　第三，莫晓阳先生多年来所研究的这个课题是全国性的最大文化品牌。因为，他的研究方向和写的文章是5000年来都无人敢闯的盲区，而他经过不懈的努力在这个盲区开拓了一个空前宽阔的崭新领域。他的论点也基本上站住了脚。而且，到目前为止，还没有发现哪个省、市涉及了史前文化的研究，打造和宣传。可以说，这是一个其他省、市可望而不可即、可求而不可得的独占鳌头的文化品牌。

　　（作者系湖南省社科院炎黄文化研究所原所长、享受国务院特殊津贴的湖南省优秀社科专家。）

一个很有价值的研究课题

——兼评莫晓阳先生《益阳县轩辕文化之初探》

谢武经

黄帝，即轩辕氏，为中华民族始祖之一。轩辕文化研究是一个重大的历史课题。莫晓阳先生撰写的《益阳县轩辕文化之初探》，从历史、考古、政治、经济、地理、文化、民俗、语言等多角度进行研究，认为益阳与轩辕文化有着密切的关系，为轩辕文化研究开辟了一个新的领域。

莫晓阳先生以《史记》记载的："轩辕……披山通道，未尝宁居。东至于海，登丸山，及岱宗。西至空桐，登鸡头。南至于江，登熊湘"为出发点，并由此扩展开来，深入进行调查、考证、研究，取得了一些令人信服的重要成果，值得恭贺。我认真拜读了莫先生的大作，感受良多，愿在这里发表几点意见，与大家交流。下面我讲两个大问题：

一、对莫晓阳先生的论文讲几点不成熟的看法

第一，莫先生认为"熊湘山是一座山而不是两座山"。他从"熊湘山"历史上第一次出现是在司马迁的《史记》中，并根据《史记》本身的组词结构及一般的组词常识，认定"熊湘山"是一座山，从

而纠正了历史上人们不断的错误解读，即把一座山变成了两座山。更有甚者，《史记》中明明讲"熊湘山"在南方，而有人却硬把一座山搬到了河南。莫先生从多角度分析研究，纠正了历史上的这些错误解读。本人认为，凡文字记载的东西，应以最早的为准，后人的解读要忠实于原著。然而，历史上对于"熊湘山"的解读，确实很混乱，有些解读甚至让人越搞越糊涂。这次莫先生拨开历史上的重重迷雾，还"熊湘山"的本来面目，是一个很大的贡献。

第二，莫先生认为"熊湘山就是益阳县的青秀山"。他的论据很多，似乎形成了一个体系。我认为，其中最有价值的依据是下面三个：一是东汉应劭解释"登熊湘"三个字时说的"湘山在长沙益阳县"，这是历史上最早把熊湘山定位在益阳的记载，应该是最有力的依据。二是"熊湘河"的名称。莫先生在论文中说到，有一条发源于青秀山的河叫熊湘河，熊湘河收集了青秀山的全部雨水。他认为河以山名，而且是先有山名然后才有河名，所以青秀山就是熊湘山。我认为这一说法也是站得住脚的，历史上有不少小河是以它的发源地命名的，如湘江的最大支流耒水就是以它的发源地耒山命名的，我的家乡好多小河都是这样。还有一个问题，一些小名称是在一些小范围使用，往往靠世代相传，不容易受到人为因素的干扰，很容易随着历史的惯性留存下来，特别是在封建的自然经济条件下，千百年不会改变。我在南岳考察禹王碑遗址时，发现周围好多大的地名变了，而禹溪的名称却没有变，与史籍记载及碑刻记载一致。另外，熊湘山、熊湘河这两个名称太巧合了，应该不是偶然的。三是在青秀山发现了《熊湘山记》古碑，虽残缺不全，亦可成为青秀山就是熊湘山的重要理由，而且是重要物证。至少可以证明，我们的前人已经考证过，青秀山就是熊湘山。

由于"熊湘山就是益阳县的青秀山"这个问题是个核心问题，

也是莫先生研究这一课题的基石，我觉得有必要深入的去研究。莫先生虽然从青秀山的地理位置、自然风貌、山体形状、历史上与洞庭湖的关系、史志书上的记载、历史上青秀山别称等多方面进行考证，且言之成理，就像我上面讲的三点那样，但有些方面还是让人有疑问的，有必要拓展领域再下些功夫去研究。

历史地名问题是一个十分复杂的问题，变化也很频繁，特别是一些很出名的地方如西安、南京、北京、广州等，越是出名的地方，往往容易在历史上经常改变名称。湖南省的长沙、常德、邵阳、岳阳不是在历史上也有别的名称吗？南岳的祝融峰，旧名岣嵝峰，我们岳麓山的禹碑又称岣嵝碑就来自那里，而现在的岣嵝峰却到衡阳县了。人世沧桑，变化很大，特别是1949年新中国成立后，受政治及社会风尚甚至长官意识的影响，名称的改变更不受约束。如怀化的洪江，党政机关在安江设置过，在现在的洪江区设置过，现在又设在黔城，你要到洪江去，还真不知到哪个洪江。所以地名是比较复杂的问题，有些细节建议进行更深入的多角度的再研究、再考察，使头绪更加清晰。

第三，熊湘河两岸的考古发掘确实值得关注。到目前为止，洞庭湖沿湖周围是湖南境内发现新、旧石器时期遗址最多、最集中的地方。莫先生在论文里以益阳的出土文物及盛定国、潘茂辉先生的研究成果为依据，描绘了黄帝在益阳活动的生动场面，这很有意思。同时他也给我们提出了一个重大的历史研究课题。其实，我很欣赏莫先生的观点，我们想一想，当时洞庭湖是全国最大的湖，甚至可以讲是个内陆海，而且是淡水，无论气候、环境、生存条件均适合人类生活，当时人类生产的主要方式是农耕、渔业、狩猎，洞庭湖周边均有得天独厚的条件。另一方面，从近年来湖南的考古发现和出土文物分析，有些历史文明还真应该改写。除了益阳的发现外，在常德的澧县发现了彭头山遗址，遗址中不仅有古城址，还发现了距今约 6500 年的水稻田；在澧县的彭头山遗址、八十垱遗址及常德其他县市发掘的众多遗址中，出土了大量石器时代的珍贵文物；甚至在湖南永州道县的玉蟾岩遗址中，发现了至今为止世界上时代最早的栽培稻实物标本。在我们隔壁宁乡发现的炭河里遗址，是我国南方首次发现的商末周初时期的城址，最为难得的是，出土文物表明，这里应该有铜器作坊。过去有人说，宁乡多次发现的铜器群是中原来的，说南方不能生产这样的青铜器，这种说法其实应该修正了。我们再认真思索一下，炎帝、舜帝都在湖南活动，黄帝为什么不能在这里活动呢？我们这里真是南蛮之地吗？莫先生在这里提出了一个史前文化"南盛北衰"，史后文化向"中原发展，才逐步形成了中原文化"的观点。这一说法这些年经常听到，我亦有同感，还真值得探索。如果能够通过益阳"轩辕文化"的研究，改写一些历史，意义就更重大了。

二、对益阳轩辕文化的研究与开发讲几点建议

第一，从莫先生研究的情况看，对轩辕文化的研究会牵涉到一个广阔的领域，如历史、考古、地理、生产、生活、民俗、民风，甚至地方语言。比如说，在研究中莫先生谈到的语言、民俗，就存在着抢救、整理、保护、传承的问题。为此，需成立一个相应的研究机构，加强多学科的调查、研究、考证工作。相信在这一工作的进行中，不仅对轩辕文化的研究会有新的进展，而且会收获更多的历史文化遗产，丰富人民的文化生活。

第二，如果能把熊湘山（青秀山）打造成轩辕文化的载体，将大大提高益阳的知名度，把研究成果转化为生产力。由于轩辕文

化的研究是一个全球华人十分关心的问题，如果益阳找到了一个载体，哪怕有争论（这是肯定的），也会引起全球华人的关注。有的研究不能只看结果，更重要的是研究过程，有时过程比结果更重要。如石门的李自成墓，其真假至今并无定论，然而在研究过程中，已形成了一种文化，吸引了很多研究者前去考察，带动了石门旅游事业的发展。凤凰的南方长城，实际是在苗疆边墙的基础上改建的，我们并不认为那是文物，但老百姓喜欢看，专业人士也在研究过程中了解了真正的历史文物——苗疆边墙，这不能不说是一件好事。

第三，研究和打造文化品牌要两手抓。而研究和打造文化品牌是两回事。科学的研究要讲究实事求是，大胆设想，小心求证，不能弄虚作假，这一工作要更深入、广泛、多学科的进行，争取取得更大的成果。而打造文化品牌就不一样了，能够言之成理的、人民群众喜闻乐见的、积极向上的、让人民群众增长知识的文化均可打造。如果能够通过"轩辕文化"品牌的打造，能让人民更加了解中华民族的始祖之一——黄帝，增强中华民族的凝聚力，激发人们振兴中华的热情，又何乐而不为呢？我认为，我们不能因为还处于研究阶段，还没有定论，就不去做这件事，可以研究和打造历史文化品牌同时进行嘛。说实话，我是主张只要不是胡说八道，能够自成一说，就可以继续研究，在研究的同时可以宣传、讨论、开发、打造。这样既可以繁荣文化，也可以发展旅游经济，造福益阳人民，提高益阳人民的自信力和自豪感。最后，我提议益阳把青秀山改回熊湘山，打造好轩辕文化这块国家级的珍贵稀缺的文化品牌。

（作者系湖南省文物局原副局长、考古学专家。）

态度求是　方法科学　结论合理

——对莫晓阳先生《益阳县轩辕文化之初探》一文的评议

任国瑞

关于湖南上古文化的研究，我虽综合考证过炎帝神农氏迁湘的事迹、祝融氏迁湘与立国、容成氏迁湘的兴衰，但轩辕黄帝与湖南的课题我还没有做过。有关黄帝登熊湘的历史记载和考述，以及今人对于登熊湘的考述文章我读过一些，但熊湘为两座山之说，或指修山为熊湘山之说，都没有令我信服。莫晓阳先生《益阳县轩辕文化之初探》一文，却让我茅塞顿开，不但信服，而且从中学到了许多东西。该文虽然口子开大了一些，但其核心是对于黄帝所登熊湘山的考证，确是下了大功夫花了许多心血的。

一、治学态度的实事求是

在这篇一万多字的文章中，让我们见证了一位史学家的筚路蓝缕。他抛却了个人的得失与荣辱，尊古而不泥于古，敢于闯荡历史文化的迷茫而不被迷茫。在没有得到党和政府高度重视之前的那种坚忍精神，是令人钦佩和感动的。我本来十分忙迫，如果不是因为这种"感动"，我也无法参加这次会议。

在文章中，作者引证了大量的历史典籍、辞书资料、地方志资料，文物出土资料，还有方言和民俗资料，等等。此外，他自觉、自为、自费地依据历史图谱，按图索骥，实地考察，逐一比对，这对于没有使命感与责任感的学者而言是很难做到的。还有他那不畏权威、大胆假设、细心求证的精神，也是应当肯定的。

二、研究方法科学

莫晓阳先生有一个史学家的清醒头脑。面对熊湘山考证中的重重迷雾，他没有迷糊和退却，他本着科学的原则艰难地前行。他运用平生之所学，进行多学科参证，并成功地运用了多重证据法、实证法、排除法、图文互证法和综合比较法等，终于拨开了迷雾，让历史的本来面目走向清晰和定格。

众所周知，搞历史研究费时费力，投入大而效益小，板凳一坐十年冷，何其难也。而在历史研究领域，做上古史研究则更是难上加难。这方面的研究资料奇缺且众说纷纭，稍有不慎便要走入死胡同。想要在上古史研究上取得成功，需要有渊博的知识，需要有理论的勇气，需要有坚忍的精神，更需要有科学的方法。莫晓阳先生这一课题研究的成功，是其综合素质的一种反映。今天请到了世界级的史学界泰斗何光岳先生，这也见证了古来的定评——惟楚有材。

三、结论合理

由于有了实事求是的治学态度，便有了可供旁征博引的证据群；由于有了严谨科学的治学方法，便有了去伪存真，拨开迷雾的科学力量；在这样的前提下，课题的观点与结论自然水到渠成，水落石出。因此我认为，莫晓阳先生《益阳县轩辕文化之初探》一文的完成，应当视为"黄帝登熊湘"重要的研究。

四、本文的小不足

给文朋诗友的著书立说作序或作评，我的习惯就是要鸡蛋里挑骨头。莫晓阳先生这篇文章如果说还存在不足的话，那便是最后两个部分，即《以该县方言为证》与《以该县民俗为证》尚缺说服力。在炎黄之世由北而南迁湘的部族很多，将方言与民俗归给哪个部族，都是说不清楚的。其实，本文没有这两部分已经很完美了。另外，仅凭几把石斧和"张乐于洞庭之野"的记述就认定黄帝在益阳立国，略显牵强，需补充证据。

五、几点建议

一是应将莫晓阳先生的《益阳县轩辕文化之初探》一文，立为益阳市的重大历史文化研究课题，这是贯彻党的十八大精神，实施益阳文化强市战略的一个举措。对于熊湘山的考定，是益阳市文化强市的重大突破口，是益阳人民的一件大事，一件好事和一件喜事。莫先生自1986年以来放弃了优越的工作和丰厚的收入，而对此项研究孜孜以求，殚精竭虑，党和政府无论是在经济上还是工作上都应该给予高度重视。

二是应当打造熊湘山集人文与风光于一体的旅游名区品牌。这于建构益阳文化支柱产业，促进经济社会可持续发展，都具有历史意义和现实意义。

三是应当打造益阳轩辕文化论坛品牌。①保持论坛的连续性，每年分专题研讨，与文化旅游相结合。②组建相应的学术团体，加强学术支撑和凝聚力。建议成立湖南省炎黄文化研究会益阳市分会，这样可事半功倍。

总之，希望这一次研讨会，能成为益阳市文化腾飞的起点，使轩辕文化在益阳大放光彩。

(作者系湖南省地方志编纂委员会湖南地方文献研究所副所长、研究员，《湖南地方志》执行主编兼编辑部主任。任中华孝文化学会会长、湖南省炎黄文化研究会常务副会长兼秘书长，湖南国学国医大讲堂联合会副会长，《华人论坛》杂志总编。在楚辞学、方志学、历史考古学、民俗学、文学、编辑学和易学领域公开出版发表个人成果1200多万字，著作17部。《湖南日报》、《长沙晚报》、《当代商报》、《深圳商报》、湖南卫视、湖南经视、山东卫视、甘肃卫视、河南卫视等20余家国内权威媒体专访人物。)

益阳市优秀传统文化资源的
深度开发利用与研究

——兼评莫晓阳《益阳县轩辕文化之初探》

周亚平

一、对莫晓阳先生《益阳县轩辕文化之初探》一文的感想

第一，作为一个基层史学研究者来讲，有如此作为本人非常敬佩，治学严肃认真执着的莫先生。应该说，莫先生的研究本身就是对轩辕文化精神的继承与发扬。

第二，文中关于青秀山上古文化的研究与考证，是完全站得住脚的。作者运用二维论证法，即文献与考古相结合，把司马迁《史记》中提到的"轩辕……南至于江，登熊湘"这样一个"有重大历史意义的轩辕文化起源之地"（作者语），一层层地将人们对益阳轩辕文化的认识从史学的迷雾中清晰出来，还原出来。同时，该文还利用相当多的篇幅，将轩辕文化与本土民俗风情文化相印证，其可信度是非常高的。

第三，该课题的提出，应该说对挖掘和开发利用益阳地区优秀传统文化资源是很有价值和意义的，尤其是对丰富益阳本地乃至湖南省的上古文化内容，对探讨中华民族文化的起源等等，都有极

为重要的价值与意义。湖南的上古文化既厚重又非常丰富，三皇五帝就有炎帝、舜帝等在湖南，再加上轩辕黄帝，几乎有一半在湖南，或者说与湖南相关。

二、对文中一些提法的看法

有些提法本人觉得不妥，提出来与大家共同探讨。

文章根据考证与推理，最后得出结论："以上一系列的佐证，足以说明青秀山就是熊湘山，也足以证明益阳县乃是轩辕文化产生的源头。"对于这样的结论提法，本人认为有欠妥之处。

此外，"200年后，蚩尤的子孙又兴旺起来，他们可能是继承了其祖先粗暴野蛮的基因，又经常侵伐掠夺和犯上作乱。……可想而知，中原文化也并非无源之水，它应该是新石器晚期南洞庭'仁爱和谐、无为而治'的轩辕文化的发展和完善！而且，从那时开始，中原人不分青红皂白，统称南方人为'南蛮'。把最讲文明礼节的益阳县都带了进去，真是十足的冤枉！"这段话是有待仔细推敲的。

还有，"黄帝在益阳县建立了文明王朝、统一了全国……"有欠科学依据。

"益阳的脏话影响到了全国……"

……

本人认为，文化史学研究者还是要以科学的态度和大度的心境来对待一些学术问题。

三、新时期益阳地区优秀传统文化资源的开发利用

党的十七届六中全会通过的《中共中央关于深化文化体制改革

推动社会主义文化大发展大繁荣若干重大问题的决定》曾突出强调了继承和弘扬中华优秀传统文化的重要意义，指出：优秀传统文化凝聚着中华民族自强不息的精神追求和历久弥新的精神财富，是发展社会主义先进文化的深厚基础，是建设中华民族共有精神家园的重要支撑。党的十八大报告又明确提出了"建设优秀传统文化传承体系，弘扬中华优秀传统文化"的重大任务。要完成这一重大任务，一项十分重要的也是基础性的工作就是"加强对优秀传统文化思想价值的挖掘和阐发，维护民族文化基本元素"。因为文化作为民族的血脉、人民的精神家园，其灵魂是思想，即民族价值观和民族智慧的结晶。

新形势下，究竟应如何建设优秀传统文化传承体系？党的十七届六中全会通过的《决定》已经给了我们一个明确的答案："要全面认识祖国传统文化，取其精华、去其糟粕，古为今用、推陈出新，坚持保护利用、普及弘扬并重，加强对优秀传统文化思想价值的挖掘和阐发，维护民族文化基本元素，使优秀传统文化成为新时代鼓舞人民前进的精神力量。"民族共有精神家园是一个民族共有的精神向往和心灵归宿。

在漫长的历史进程中形成的中华文明的起源，炎黄文化是其中重要一支，轩辕文化则是其重要组成部分。轩辕文化是中华非物质文化遗产和中华文化软实力的一部分。作为华夏民族的领袖和始祖，轩辕黄帝奠定了中华民族的根基，缔造了辉煌灿烂的华夏文明，是中华民族名副其实的"人文始祖"。

具体到一个地区或一个城市来讲，轩辕文化是黄帝故地的根与魂，而要复兴一个地区或者一个城市的根与魂，不能仅仅满足于捡拾那所剩无几的历史碎片，而应从整体上，也就是从时间的纵向，地域的横向以及全方位、多角度视角使其再现，绝对不是简单的复制，更不能生搬硬套。

就益阳而言，可以打轩辕黄帝这块文化品牌，但提法要切合实际，要具有科学性和正确的发展观，不能简单提"益阳是轩辕文化的发祥地"，这不仅不妥，也不符合实际。其实，益阳是完全可以打"益阳与轩辕文化"这块牌子。益阳是个传统文化资源非常丰富的地区，它有独特的麻文化、竹文化、茶文化，还有"美女文化"，完全可以打出这些文化品牌：轩辕文化与麻文化、轩辕文化与竹文化、轩辕文化与茶文化，也可以打"轩辕文化与美女文化"，美女文化不是个低俗之词，它是文化内涵很独特的地方文化。

我们说，在促进中华民族文化大发展、大繁荣的重要历史时期，如何建设优秀传统文化传承体系是一项系统工程，需要从不同方面进行努力。

首先，要全面认识传统文化，取其精华、去其糟粕，让优秀的古老文明传承久远。具体到轩辕文化，它的内涵、它的精髓到底是什么？要很好地挖掘。我建议，将青秀山很好地打造成一座具有真正历史意义的轩辕文化之山，让它焕发出神奇神秘神圣之精气。如此，除了将历代形成的文化古迹与文化标志性建筑复原或者兴建之外，更要注重为其注入真正意义的文化内涵，要做到尊重历史、尊重史实、尊重祖先，不杜撰、不捏造、不做假，将文化传承与时代性、创新性紧密有机结合，千万不要搞那些花拳绣腿般的所谓文化新印迹，南岳山上那巨大的"寿"字，倒是可以借鉴。这样才能把弘扬传统文化融合到旅游经济的发展中，才能真正通过提升文化来提升旅游产业。这一点，我认为张家界做得比较好。当地文化人着力挖掘的是古老的湘西文化内涵，将张家界的人文魅力充分展现给游客。同时，还可以用现代科技手段来弘扬轩辕文化，形成科技与文化、时尚与传统良性互补互动，比如可以将轩辕黄帝传说故事编成文学作品，拍成电影电视，或者制作成动漫或网络游戏，也可效仿广西桂林或张家界，将民间流传的传说或者传统曲目改编成歌舞音乐剧，通过不同方式的宣传，不仅可以弘扬黄帝精神、传承古老文明，也能给地方政府和企业以及民众带来丰厚的经济效益。

第二，要加强对文化典籍整理和出版工作，推进文化典籍资源数字化、系统化。以现代传媒技术扩大炎黄文化的传播速度和范围。我们湖南省舜文化研究会，在这方面应该说是走在前面，近几年来，编纂了大型文献丛书《虞舜大典》古文献卷和近现代文献卷，共 10 册，800 多万字，岳麓书社出版。该书集录了上起先秦、下至2011 年历代儒家代表人物及近人学者对虞舜文化的研究成果，是一部研究虞舜文化的大型工具书。同时我们也与岳麓书社达成协议，推进该丛书数字化进程，从而使虞舜文化通过现代传媒技术得到迅速的传播与普及。在这里我建议，益阳市可以联合省里成立湖南省轩辕文化研究会，开展对轩辕文化深度与广度的研究，同时，集中人力财力，对有关轩辕黄帝的文献典籍、文化遗迹、民俗文化等进行深入研究。

第三，要抓好非物质文化遗产保护与传承，深入挖掘文化内涵，建议一：对有关轩辕黄帝的民间传说资料进行收集与整理。这个工作可以请我们省里的专家学者做指导或者牵头，益阳市做经济支撑，出版一部有分量的，经过收集整理研究的，主要以益阳地区为流传地域的有关轩辕黄帝传说的丛书，包括民俗民风，祭祀信仰等，书名就叫《益阳与轩辕黄帝》。建议二：益阳有许多古民俗传统，可利用自身资源优势，打造一个具有轩辕文化特色的益阳民俗文化村来，将各种民俗特色集中展示，应该说是一件很有意义的事。浙江宁波市有个梁祝公园，公园里就辟出一大片地来展示古越民俗，构思巧妙、建造精致，既有艺术感、又有原生态感，既传承宣扬了本土文化，又让游客在新奇愉悦的心情中领略到独特的地方文化。

第四，在众多方面中，有一个方面是基础性的，这就是"发挥国民教育在文化传承创新中的基础性作用"。尤其是要将轩辕文化精要写入小学生课本，增强子孙后代对文化垃圾的免疫力。中华博大精深的传统文化正在被少年一代遗忘。文化传承危险在增加。将轩辕文学艺术精品制作成陶冶心灵的动画片，既是发展文化创意产业的需要，更是建设优秀传统文化传承体系的需要。近年来，株洲市以校园为突破口，开展"炎帝文化进课堂"活动，成立了炎帝文化读本编辑委员会，目前已完成小学一二年级《始祖炎帝》的编著工作，在低年级中已尝试性地上了课，取得了很好的效果。他们还准备推进这项活动，让这项活动进高校，逐步扩大神农炎帝文化的宣传力度。

文化要靠宣传靠普及，才能深入人心，才能传承发展，才能发扬光大。

最后我想谈一点，前面我也提到了，湖南的上古文化既厚重又非常丰富，三皇五帝就有炎帝、黄帝、虞舜等在湖南，炎帝在湖南就有两个炎帝故里，一个株洲、一个会同；益阳因为曾是黄帝巡视的最后一站而成为轩辕文化的发祥地之一；蚩尤成为湘中文化的源头与代表；虞舜的孝悌传说几乎家喻户晓。再加上近几年来，考古界在湖南各地不断挖掘出远古时代的文化遗迹，为湖南远古文化资源的丰富内涵提供了更为科学确凿的印证。2005年，湖南洪江高庙遗址的发现，被评为"2005年度全国十大考古新发现"之一。有人据此大胆提出了"中华南方文明起源于湖南洪江高庙所在的五溪地域"的假设。永州道县玉蟾岩发现了12000年前的稻谷化石，有人也据此提出永州是中华文明的最早发源地，当然，这些结论下得有些为时过早，还需要科学论证。不过，考古上的发现，尤其是龙山地下战国城和大量先秦文物的出土，更有力地驳斥了湖南湘西自古蛮荒的谬论，说明了湖南的上古文化不仅在时间上是极其久远的，在衔接上也是连接不断的。我们应该向省政府倡议，整合湖南上古文化资源，打破各自为政，互不相往的不良文化资源利用现状，打造出一个独具特色的"中国上古文化城"，我们可以携起手，集合各方力量，先成立一个"湖南省中国上古文化研究中心"。当然，这个倡议有待各级领导，尤其是省领导的高度重视和极大支持，以及更多同仁的共同努力才能实现。这个倡议是本人第一次公开提出，不确定是否妥当，请读者朋友多提宝贵意见。

（作者系湖南省社会科学院历史研究所研究员、湖南省舜文化研究会副会长兼副秘书长。）

大有可为的轩辕文化工程

——在益阳轩辕文化研讨会上的发言

曾少祥

我的专业是编剧(也大量写小说、写叙事文学)。我写过一篇短文:《围城与安化》。我说《围城》就是写的安化:围城里的那个地名叫"平成",平既安也,成则化之。钱钟书和他的父亲钱基博当时就在安化的蓝田教书。有一位涟源的老先生说我是为了安化一方之利而和他们争名誉。那个老先生说我是胡诌的,说他从来就不知道钱钟书有个父亲叫钱基博——听此话我哭笑不得:钱钟书肯定有个父亲,这是天理!钱钟书的父亲名叫钱基博,圈外人的确不知道,这很正常,但你不能因为你不知道,就说我是胡诌啊!现在,就因为我的这篇文章,涟源已经把当年钱钟书父子执教的国立师专旧址进行翻新建设,要打造成一个文化景区。

莫先生的论文《益阳县轩辕文化之初探》,我读了三遍,还做了笔记,我觉得依据充足,结论合理,写得好。

准确地说,我有这样三点感受:

第一,莫先生的论文呈现清楚、有特色。不要小看"清楚"二字,要把文章写清楚、讲清楚,这太重要了。当代文风改革,我看过不少新名词和超新名词,看过不少糊涂和超糊涂的文章。读莫先生的文章,感觉清清楚楚,条分缕析,层层剥笋,一环扣一环。

我是安化人，也算是益阳人，但对于轩辕黄帝与益阳有密切关联这个大事，我的确是不清楚的。读莫先生的文章，我就如同听一位高水平的教师在讲课，听完课，我心里也就一清二楚了。这也让我，不由得想起郭沫若的考古名著《中国古代社会研究》。我觉得莫文也颇有此风，在论述之中不惧权威，还敢于说话带刺，有锋芒，有气势！

第二，莫文立论令人信服。说到轩辕黄帝，中国人立马想到的就是陕西，就是北方。莫先生却说湖南益阳是轩辕文化的源头，立即使人要耸耳静听。立论一出，莫先生拿出了具体证据：有山名证据，有石斧证据，有方言证据，有民俗证据；从司马迁"登熊湘"三个字讲起，对历代史家把"熊湘"分成二山之论提出异议，最后证明"熊湘山"就是"小庐山"，就是益阳的青秀山，在文物证据里边，那三把石斧和五把石斧，的确是强有力的证据。文中对于益阳民俗的考证，不仅有说服力，而且有意思，有趣味。说到民俗，我自己由于长期的浸淫于文学和文化，我似乎得出这么一句话：传说有一部分也许是真的！例如我小时就听老人讲，光绪皇帝是被慈禧毒死的。因为慈禧自己要死了，她不甘心让光绪活着，于是在自己死的前一天，就让李莲英给光绪下毒……后来我常想，这作为写戏写小说可以，但历史不会是这般儿戏吧！可是就在前几年，考古工作者挖掘光绪陵墓，对光绪的头发做了化验：果然就是被毒死的！我好像还看到过几宗民间传说，结果被后来的科学所证实的事例。

第三，考古破案和考古想象。就是说，考古如同破案。社会越到现代，就越留恋甚至越痴迷古代；社会越到现代，就越能更清晰地认识古代。古代早已消失，看不到了也听不到了，怎么办呢？这就很像破案，案件的真相，只有凶手知道，而对旁人来讲是两眼一抹黑的。怎么办，就只有依靠蛛丝马迹，要四面八方地展开想象。高级的科学的想象，是一种有规律的想象，我觉得莫先生的文章颇有想象力：由于北方受气温、地理等条件的影响，物质匮乏，黄帝来到南洞庭，忽然发现了益阳这个好地方，有茶叶，有蒿子，有苎麻、莲藕、鱼虾，主要是有稻米。莫晓阳先生向我们展示了一幅生机勃勃的古代益阳的稻作文化图画。确实，这是个丰衣足食富得流油的地方，莫说是上古时期，就是现代人有多种生存方式，也会看上这个地方。既然黄帝要建立文明王朝，他不在这里立都，又去哪里立都呢？难道按司马迁说的去北方洪荒之地吗？不可能！所以，莫先生在史志和文物的基础上所作的推理和想象完全合乎情理。又例如，通过考古，发现益阳4400年左右，有一个100多年的人类活动空缺，是何原因呢？莫先生的想象也颇有道理：是蚩尤的子孙为报杀祖之仇在这里进行了报复，100多年后，当仇恨渐渐消散，受到黄帝文化熏陶的人和黄帝的子孙才又重新回到这里。这也颇有戏剧性！

莫先生文章提出的是一件文化大事。当今是一个文化热的时代。建议赫山区或益阳市把莫先生研究的这个课题，和一种具体的文化操作行为结合起来，把这个文字上的东西，做成一种立体的综合的"益阳轩辕文化工程"。具体来说，可以借力于莫先生的研究课题的影响，来打造青秀山、天子坟、碧云峰等这些旅游胜地。关于这方面，本人不是专家，只能提出一些不成熟的建议而已。本人是个编剧，从我的职业敏感出发，我觉得为了配合这个文化工程（也是这工程的一部分），可以来搞一点视觉艺术。搞什么呢？搞舞台剧，可能担心没有观众，搞电视连续剧，周期太长，耗资太大。搞一部电影，片名就叫《轩辕黄帝》，把黄帝来到益阳的神秘往事展现出来，把当年北方一片洪荒之气，而志溪河畔"风吹稻花香两岸"，益阳风景独好拍出来，要把那个时候的好日子拍出来！要把非常有趣味的益阳民俗展现出来，要大胆地打破常规地把益阳方言展现出来。

我最近在写一个舞台剧：《周立波在益阳——立波还乡》，我抛开一切老套子，不写什么矛盾冲突，不搞戏剧套子，关于当年搞合作化的那些政治问题，只是把它推到幕后作为背景，我写什么呢？我就写语言，就写周立波如何学益阳话。不搞什么戏剧冲突，靠细节取胜。这里我提一个比较重要的问题：语言是存在的故乡。而越是高文化层次的人，现在越是重视方言，黄帝当年是个什么样的心态，去回顾老班子的方言，很可能就活灵活现地还原出来了。我建议写一个电影剧本，如果莫先生和赫山区政府看得起我，我建议由莫先生当第一编剧，我来当第二编剧，当个副手。

凡搞项目，就要资金，于是往往就使人产生畏难情绪。但反过来看，只要搞项目，就有资金。我的老朋友，安化的杨吉元先生、杨文辉、陈可爱、李稳华等人，他们这些年闯出来了一条路；搞行业片，四面八方筹资，部部电影都获得了成功。我的老朋友唐六一和胡跃飞投资拍摄的《国土局长》，我看了感觉很不错。我自己过去是不搞这种行业片的，去年我解放思想，写了一部电影《水电人》，反映湖南从柘溪电站开始的60年的水电建设，由于有湖南电力部门的支持，所以2012年3月28日在湖南卫视开研讨会，5月就开拍了。这个电影的许多事情，以后都要仰仗各位领导、专家和师友的指导与帮助！

最后我说两个字：感谢！我搞了近40年的叶紫题材。我是在完全不认识赫山区委宣传部王兆铭部长的情况下，给他写了一封信，他立即回了信。王部长和文化局的蒋局长，把我接到益阳参加了叶紫纪念活动，又特地为我的剧本开了讨论会。他们是理解文化的人，是真正的文化人。2011年8月10日，我到北京画家村宋庄，一个文化公司与我讨论我的叶紫剧本，我突然发生心肌梗死，做完手术，我思前想后，有点伤感，就给王部长发了个信息："王部长，我为了叶紫电影到北京，在讨论中突发心肌梗死。我为叶紫文化而拼搏，我不后悔！"我立即就接到了王部长给我的回音。我一直记着，心存感激！我感激王兆铭部长对我的关心和理解！这次召开这样一个轩辕文化的研讨会，这既是益阳领导对文化的重视，也是对文化人才的重视。

在文化圈里，我一直都很艰辛，有时甚至有点丧气和怨天尤人。但一想到莫晓阳先生连工资都没有着落，还要自己掏钱搞研究，而且一搞就是几十年，他这种顽强的毅力和无私的奉献精神在九州大地也找不出第二个了，我就感动不已。以后，莫先生和赫山区文化部门，如有文化之事，需我效力，我在身体允许的情况下，一定招之即来！

（作者系湖南卫视国际传媒有限公司剧本创作室主任、湖南艺术研究所研究员）

提升特色文化研究　打造最佳旅游景区

——兼评莫晓阳《益阳县轩辕文化之初探》

谢建新

益阳是一座山清水秀，人杰地灵，具有深厚文化底蕴的美丽城市。这里除轩辕文化之外，还有很多具有地方特色的历史文化、旅游资源，具有很好的开发利用价值。

这次益阳市第一届轩辕文化学术研讨会的召开，既把益阳的历史文化研究提高到了一个新的水平，又对人文资源开发与自然资源开发进行了认真探讨。

为使轩辕特色文化研究更全面、更深入，发挥益阳地区旅游资源开发的最佳效益，本人将针对本次会议和莫晓阳先生《益阳县轩辕文化之初探》一文与旅游资源开发方面谈几点感想和建议。

一、参会的几点感想

1. 被莫晓阳先生对历史文化研究的执着精神所打动

莫晓阳先生在失去了工作，失去了工资和没有研究经费的情况下，以顽强的毅力，刻苦的精神，坚持了跨越世纪的漫长考证，战胜了来自生活和研究中的各种困难，为益阳轩辕文化探讨作了大量的调查、研究工作，并引起了省内外历史、考古、地理等方面专家对他所撰论文的关注与高度评价，这在当今社会生活中实属罕见。本人认为，能在市场经济条件下只讲奉献，不求回报，是一种民族感、责任心的生动表现，他的精神令人钦佩。我们社会科学工作者，特别是历史研究工作者应该向他学习、致敬！

2. 被益阳市、赫山区领导对历史文化研究的重视与对会议的支持所感动

本次会议得到了市、区领导的高度重视，市、区有关单位负责人与新闻媒体都参加了本会，市委有关领导也作了重要讲话。本次会议邀请来的人多数都是与此有关的代表，会议时间不长但很紧凑，既让与会者有较充足的时间谈出自己的观点，又激发大家对益阳历史文化发掘与地区旅游经济发展提出了不少的设想与建议，达到了既开了短会，又开了好会的目标。

3. 被与会专家对学术的严谨态度所感召

本次会议规模不大，但参会专家的水平较高。参会中有不少都是知名人士、著名专家，涉及历史、地理、文物、民俗、文献、哲学等多种学科。为赶来参加这次会议，不少人都放弃了手头的工作和其他的活动，有的还带病赶来参加了会议。

为开好研讨会，绝大多数人在会前就做了充分的准备，不少专家也认真撰写了发言稿，会上讲的都是真话、实话、有用的话，意见都很诚恳，建议也都具有一定的参考价值。

二、对莫晓阳先生研究成果的几点评价

1. 莫先生认定熊湘山在益阳的论据充分

从《益阳县轩辕文化之初探》一文看，作者查阅了大量的文献史料，并做了大量的实证调查，认定熊湘山为益阳的青秀山。作者从多方面断定轩辕部族不仅到过益阳的青秀山，而且在附近繁衍生息前后有很长一段时间，以比较充分的理由论证了熊湘山的具体地点并解除了种种疑惑。

2. "熊湘河"因熊湘山得名认定合理

莫先生提到从古到今形成的水系多与河流名称有关，而且大多数河流命名都是由山得名。以此看来，"熊湘河"因"熊湘山"而得名就成自然。他认为先有山，才有水，有山才有名，具有一定的推理性与说服力。

3. 轩辕在益阳青秀山附近建都这一结论值得商榷

莫先生在文中提到，轩辕到过益阳，并在此建过部落，在青秀山附近居住、从事农耕活动都有可能。因为在青秀山附近也曾发现与发掘了一些新石器时代的文物与遗址，以实物为证，任何人都难以否定。但莫先生认定轩辕曾在这里建立文明王朝，大会天下部落酋长，实现全民族统一。仅凭青秀山大坝西面的一块平地与清修寺，建南轩讲塾及五件石斧还不足以说明这一结论，这可以作为一种推测和论证的依据，但不能作为定论。

4.《熊湘山记》碑文篆刻时间有待考证

莫先生在文章中提到，青秀山上现在还保存一块刻有《熊湘山记》碑文的汉白玉石碑，其内容是确定该山即昔日黄帝所登的熊湘山。因下半截已不存在，刊立时间和撰文作者不明，但从字体和玉碑风化迹象分析，可以认定是宋代或明代之物。然而从我到现场考察的情况看，这块碑可能不是最初的石碑。玉碑上有一层泥沙遮盖，但感觉较新，除中间断裂外，清洗后几乎看不到什么风化迹象，本人认为，这块碑可能为民国以后所刻玉碑，断裂应该为人工所为。

三、关于益阳轩辕文化研究提升与旅游资源开发的建议

益阳轩辕文化研究在莫晓阳先生的努力和市、区领导的支持与有关部门的配合下，已做出了卓有成效的工作，在学术界也产生了较好的反响。为把益阳历史文化研究与旅游资源开发有效结合，本人提议还可以从几个方面加以突破。

（1）为把轩辕文化研究工作做强、做大，建议尽快成立炎黄文化研究会、轩辕文化研究分会，充分发动炎黄文化研究会中一些专家学者来开展系统研究。

（2）为提升轩辕文化研究档次，扩大轩辕文化研究的影响、建议请有关专家参与设计一个重大课题上报省社科规划办与国家社科规划办，争取为益阳历史文化研究、益阳人文资源开发搭建新的平台。

（3）为益阳地区旅游资源开发打造更好、更美的景观。益阳的

地理位置、自然条件具有独特优势，如果规划、设计好，完全可打造成湖南省内乃至中南地区最具特色的旅游城市。如轩辕文化、历史名人、民俗文化等特色文化资源都是其他地方无法仿效的。现有的山乡巨变第一村就是一个很好的旅游景区，其他景区模式完全可以参照这个建设(如古遗址区；历史博物馆、轩辕帝祭奠区；非遗项目区、民俗文化区)。可形成一系列特色人文景观，可为旅游资源开发打下厚重的文化基础。

(作者系湖南省社科院科研开发处书记、研究生教育与管理中心副主任。)

尽心竭诚　探渊索珠

——兼评莫晓阳先生《益阳县轩辕文化之初探》

袁作兴

"历史文化"是个很大的课题。我在读莫晓阳先生《益阳县轩辕文化之初探》以前，也读过不少关于历史文化的论文、书籍，不过，都很难产生激动之情。而读了莫先生的大作之后，心情振荡，觉得眼前一亮，获益匪浅。因为，他把中华民族一个沉没在历史深渊的无人知晓的灿烂文化重新挖掘出来了！尤其是获悉莫晓阳先生从1986年开始研究，连工资都失去了着落，长期来孜孜不倦，几十年如一日，这种抛弃个人得失和勇于探索的奉献精神及尽情尽理的文字工作，本人十分佩服，当然，也增添了我的见识。读过之后，有几点体会，简要论述于下：

一、考据扎实，说理渐进

莫晓阳先生以"益阳县乃轩辕文化的源头"为切入点，依据司马迁《史记》中《五帝本纪》对轩辕帝："披山通道，未尝宁居。东至于海，登丸山，及岱宗。西至空桐，登鸡头。南至于江，登熊湘。"的记述对"熊湘"进行了深入细致的考证。他引证了大量的历史典籍、辞书资料，参考了诸多出土文物乃至方志，并对专家学者进行了采访，指出此前历史界、学术界对"熊湘"的误解，用事实证明把"熊湘"分为二山是错误的；又从司马迁的文风和文章的语法进行分析，论证把"熊湘"二字分离，不是司马迁的本意，也不符合语法规律，对2000多年来的错误注释理直气壮地进行了纠正。本来，这个错误已经成了历代学者们默认的铁案，而他不惧权威，敢于否定，这实际上就是轩辕文化在他身上的体现。

既然轩辕帝来到了"熊湘"，现在又为什么找不到此山，或者能确证是此山的位置？莫先生为此做了大量的资料收集和考据工作。由于历史的变迁，今日的地名也往往与古代不同。莫先生按图索骥，反复查证，实地考察，发现熊湘山的名字在历史上作过多次更改。莫先生从古代描述该山的形状、位置、方向、别名等方面进行认真对比，逐一排除，最后确定熊湘山就是现今有名的青秀山。这种以史为据、尽心竭诚、尊古而不泥古的精神和专心一致、踏实工作的作风非常令人敬佩。

二、紧扣文化，观点新颖

中华文化源远流长，博大精深。诸如爱国主义、自强不息、重德修身、仁慈厚道等，都是中华民族的优秀品质，也是中华文化的基本精神。莫先生联系益阳的实际，把清代知县的"益阳沐德教于五帝者更甲于他邑"之说作为辅助证据。又以出土文物，语言诗韵，民风习俗乃至木屋建筑等，全方位进行了论述，把益阳人民的精神风貌同轩辕帝倡导的仁爱有德，和谐统一及挞伐奢靡，征讨侵伐、掠夺等伟大精神做了比较，发现它们是何等相似乃尔。

该文大的框架已是如此。作者的视角如果能从人类学、社会学、文化学、行为学以及历史学或者从智能文化、物质文化、规范文化、精神文化等选择一二方面说清楚，再与轩辕文化联系起来，把其中稳固性原生态的特质勾画出来，这种说服力会更加震撼心灵。至少，能把轩辕文化从时间(历史)与空间(地理)双层性上梳理清楚，勾画出轩辕文化在益阳的历史轨迹。不过，大胆假设还须小心求证才能合情合理。虽然，莫晓阳先生的论文已基本做到了这一点，但某些地方还有加强的必要。

三、百尺竿头，更进一步

莫晓阳先生考证"熊湘山即青秀山"这个论点是站得住脚的，证据是充分的。同时，青秀山是轩辕帝登临之地，脉络也十分清晰，而且，以出土文物和地理进行对比，结论显得更为明朗和不容置疑。

虽然，这个课题异乎寻常地重大，不光关系到益阳地区最早的历史，而且还关系到整个民族文明的起源。但它是属于上古史的范畴，文献资料奇缺而且难找，甚至整个文库中的相关记载也非常有限，要把传说时代变为历史，中间这条鸿沟很难逾越，哪怕把它变为陈述的历史，都要花很大的代价。尤其是莫晓阳先生还要自己掏钱，孤立无援地去做考证，其难度就不言而喻了。我认为，力量单薄是不行的，党委、政府要高度重视，对这个课题给予立项支持；同时，要加强力量，成立专门的机构进行研究；其次，课题在"文化"的大背景下，要细分为考古发掘、文物、传说、故事、原居民(越人、蛮人、巴人和楚人)状态(文化习俗)、地理变迁、社会组织、规章制度以及伦理道德、语言、教育等等，逐一还原益阳新石器晚期的状况，并以此作为文化品牌打造的基础。另外，要抓住青秀山古迹的走势，根据需要按部就班地规划，发掘、开发。开发时既要考虑现在，更要着眼长远，要把轩辕文化的各种要素集中在青秀山及其周边地区体现，从而拓宽和丰富南洞庭的湖湘文化内涵，使之更好地沐浴三湘，滋润华夏！

（作者系长沙理工大学教授。）

评黄帝南巡登熊湘地望考证新说

——兼评莫晓阳先生《益阳县轩辕文化之初探》

张步天

莫晓阳先生长期研究益阳县轩辕文化，锲而不舍，令人钦佩。作为历史地理学者，笔者对其黄帝南巡登熊湘地望考证表示赞赏。

一、熊湘山即青秀山的理由充足

益阳是我国最早的建制县之一，中国最早的正史地理志《汉书·地理志》根据汉平帝元始二年(2)建制，记载了全国 103 个郡国及其所辖 1587 个县、道、邑、侯国。长沙国治临湘(今湖南省长沙市)，辖 13 县，益阳县属长沙国。

益阳县与轩辕文化关系颇深。黄帝以中原共主的身份南巡之地熊湘山在益阳县。黄帝南巡熊湘山出自正史，《史记·五帝本纪》记载："轩辕……披山通道，未尝宁居。东至于海，登丸山，及岱宗。西至空桐，登鸡头。南至于江，登熊湘。"应劭注："湘山在长沙益阳县。"应劭(约 153—196)，东汉学者，字仲瑗，汝南郡南顿县(今河南省项城市南顿镇)人。平生著作 11 种、136 卷，现存《汉官仪》《风俗通义》等。长沙在西汉时称"国"，与郡同级，东汉时长沙称郡，益阳县隶之。应劭是现今看到的明确指出黄帝南巡的"湘山在益阳县"的最早学者。然而，应氏是北方人，生活时代正值东汉末年动荡之世，不大可能亲身到过益阳，在注《史记》黄帝"登熊湘"时写下"湘山在长沙益阳县"，其根据应该是《汉书·地理志》下长沙国条"湘山在益阳北"①。《汉志》作者班固（32—92），字孟坚，扶风安陵（今陕西省咸阳市东北）人，东汉史学家、文学家。汉章帝建初七年（8）《汉书》成，开创了断代史体例。《汉书·地理志》是严谨的国家疆域志，其资料主要来自各级地方行政区典册，可信度很高。不过，《汉志》湘山地望争议颇多，《中国历史地图集》西汉荆州刺史部图幅就把湘山定在今岳阳市西的君山。应劭将《汉志》湘山"在益阳北"改为"湘山在长沙益阳县"，与后世地方志"黄帝南巡熊湘山"更为贴近。

后来裴骃也对"登熊湘"作了解释，其《集解》云：湘山在益阳县，而熊耳山在召陵（今河南省漯河市郾城区）。裴骃，字龙驹，裴松之之子。南北朝时宋河东闻喜（今山西省闻喜县）人。官至南中郎参军。博学多才，主要著作为《史记集解》。裴氏把熊湘山分为湘山、熊耳二山虽然有误，但认定"在益阳县"仍可取。唐代司马贞的《索隐》认为："湘山在长沙，而顺阳（今河南省内乡县）、益阳二县东有熊耳山。"司马贞，字子正，唐代河内（今河南省沁阳市）人。开元中官至朝散大夫，宏文馆学士，主管编纂、撰述和起草诏令等。是唐代著名的史学家，著《史记索隐》三十卷，世号"小司马"。他虽然误将熊湘山分为湘山、熊耳二山，又引出顺阳东有熊耳山，但认定益阳县东有熊耳山，比应劭注"湘山在长沙益阳县"、裴骃《集解》"湘山在益阳县"较为明确，指出山在益阳县的东部。

汉唐史家的黄帝南巡登熊湘地望考证为后世学者所遵循。明

---

① 《汉书·地理志》长沙国条，北京：中华书局，1962年版.

清及其以后的地方志有关熊湘地望考证逐渐明朗。莫文①引清代乾隆年间的《湖南通志》和《一统志》也对熊湘山进行了考证。《一统志》说：“益阳县有熊耳山，东西各一峰状如熊耳，因以为名(《史记·封禅书》注)或又谓之熊湘山。《湖南通志》的另一种说法是：“湘山即修山。”而同治年间的《益阳县志》对湘山即修山之说却予以否定：“修山，古称明灯山，又南为修山，治西九十里。峻峰如削，卓立江滨。或以为即湘山。考是山去湘江二百里，其地深阻，恐非黄帝所行。且或无所取而名。新修《桃江县志》也不承认湘山即修山之说：“清代《益阳县志》载，修山即湘山，‘黄帝南巡所登’，纯系传说。”

莫晓阳先生考证熊湘山就是益阳县的青秀山，提出了黄帝南巡登熊湘地望考证新说，这是黄帝南巡登熊湘地望考证古老课题的又一发展。

二、洞庭湖区有黄帝立足的发展优势

黄帝南巡地为什么是熊湘山？综观华夏文明(指传说和文字记载)发展进程，中原部落联盟共主控制范围，或者是以后的中原王朝统治区，都有一个向“四裔”辐射的过程，黄帝时代正处于一个特殊的节点。本文只讨论华夏文明南界。

任何一个悠久历史的国家或者民族，在有文字记载的历史前，都有一段传说时代。我国上古历史中就有一部分基本上形成了统一说法的传说，我们把炎帝、黄帝、帝俊和尧、舜、禹时代称为传说时代。

---

① 莫晓阳《益阳县是中华民族文化的发祥圣地》.

我们应该正确对待传说。在没有文字记载以前，人们口耳相传，或把某些历史人物事件神话化，但它却反映了历史的大势，使这些保存于早期历史著作之中的传说，有可能成为人类历史的佐证。这些早期的历史著作，在当时，离这些传说的历史时代要近得多，因此有可能比较真实地反映一些史实。另外，一些作为历史的传说，经过长期流传，已经逐渐被人们接受。所以，在还没有新的出土资料考证的情况下，可以把这些已经形成统一认识的历史传说当作历史的一部分。

传说时代又可以分成前后两部分：炎、黄、帝俊传说时代和尧、舜、禹禅让传说时代。

司马迁撰写《史记·五帝本纪》资料主要来自传说。因为他所处时代距五帝时代较近，可信度高。

中原部落联盟共主控制范围南界已发展到洞庭湖盆地，原因之一是中原部落联盟的势力的发展，二是新石器时代洞庭湖盆地周围的开发。

莫文引用的《史记·五帝本纪》"东至于海，登丸山，及岱宗。西至于空桐，登鸡头。南至于江，登熊湘"，可以看作是中原部落联盟势力所及地区的东西南北"四至"地望。

新石器时代洞庭湖盆地周围的开发，是以黄帝为代表的中原部落联盟势力所及地区南界认定的物质基础条件。莫文引用了新石器时代洞庭湖盆地周围的湖南省益阳、南县、湘阴、岳阳，和湖北省等地发现大量同时期的古先民活动遗址。特别是引用了益阳市赫山区(原益阳县)青秀山及其附近大量的考古资料。

三、作者新论具有重大现实意义

中原部落联盟共主控制范围，或者是以后的中原王朝统治区，也可以命名为狭义的华夏文明区，它的范围是动态变化的。研究其南界发展进程有助于黄帝南巡登熊湘地望考证的理解。

我们把黄帝南巡登熊湘，华夏文明区南界认定在洞庭湖盆地区，作为狭义的华夏文明区南界动态变化的第一波，其论证有上述史料支撑。

尧、舜、禹时代称为传说时代后期，可称为华夏文明区南界动态变化的第二波。《山海经》《史记》等早期经典均有记载。舜南巡至九嶷，葬于其地。表明当时中原部落联盟共主控制范围已达南岭北麓。《山海经·中次十二经》云："洞庭之山。其上多黄金，其下多银铁，其木多柤梨橘櫾，其草多葌、蘪、芜、芍、药、芎䓖。帝之二女居之，是常游于江渊，澧沅之风，交潇湘之渊，是九江之间，出入必以骠风暴雨。"经云"帝之二女"即尧二女娥皇、女瑛，二女为舜妻。传言舜南巡，崩于苍梧，二妃赴而哭之，殒于湘江，是为湘江女神。湘水经洞庭入江，二女遂为洞庭山神矣，故曰"帝之二女居之"。洞庭山濒临江口，湖、江、山三位一体，二女神当常游之。沅水、澧水自西而来，湘水自南而汇。潇水为湘江上游重要支源，故潇湘又指湘江。又言洞庭挟九江之水，浩渺无际，每逢雨大风高，则湖江交汇处波涛汹涌，既云"帝二女居之，是常游于江渊"，则"出入必以骠风暴雨"，乃言此风此雨系二女神出入江渊时所导致也。风雨浪涌自然景观附丽帝二女神话，反映了古人企求风调雨顺、湖江安流的良好愿望，亦是崇敬尧、舜古帝与娥皇、女瑛的心态使然。此神话记在本条，地理环境与历史神话乃是其基础所在。值得注意的是，此时中原部落联盟共主控制范围已达南岭北麓，舜已南巡九嶷，熊湘山所在的洞庭湖区仍是华夏文明的重要舞台。①

中国历史进入王朝时代后，王朝南界继续南移，已经有了明确的史册记述。公元前221年，秦始皇统一中国，置三十六郡。南端象郡(治临尘，今广西崇仁)，最南疆土已达雷州半岛，地近北纬20度。②

汉代王朝南界陆地疆土达到今越南中部，置日南郡。《汉书·地理志》下日南郡条："日南郡，户万五千四百六十，口六万九千四百八十五。县五：朱吾、比景、卢容、西卷、象林。"《晋书·四夷列传·南蛮》："林邑国本汉时象林县，则马援铸柱之处也，去南海三千里。"

历代正史都有那一时代疆域的详细记载，激发了人们热爱国家、热爱乡土的感情，《史记》黄帝南巡登熊湘也处于这一疆域详细记载链条中的一环。可见，熊湘山地望考证具有重要的现实意义。

(作者系湖南城市学院教授、洞庭湖历史地理学专家。)

---

① 参见《山海经解》中山经.
② 参见《中国历史地图集》东汉交州刺史部图幅.

兰溪山歌的历史渊源及其文化空间

孟冬月

摘　要：益阳市兰溪山歌产生于原始社会晚期，是当时的先民在水上捕捞和田园耕作中根据劳动轻重缓急而创作出来的劳动号子。轩辕在南洞庭开创帝业时，乐官伶伦可能又进行了加工，并列入了轩辕开国庆典的大型文化活动之中。后世又经过无数次的演变，到了唐宋时期，已然成了非常优秀经典的湖区平原的汉族山歌。其文化空间有腔调多样、板式严格、曲牌丰富和唱法自由等多种特点。

关键词：兰溪；轩辕；山歌；《咸池》；民歌集成

一、兰溪山歌的源流

音乐是一个令人陶醉的熔炉！健康完美的音乐能唤起民族的觉醒，坚定民族的意志，感化人类理性的回归。而且各个不同历史时期都有着自己特定的音乐来鼓舞民众，尤其在史前时期，先民还没有接受过道德、文字、法律等文化的熏陶，音乐更加成了唯一可以改造他们野性的精神力量。

不过音乐也并不是在某个特定年代突然产生的，而是由人类长期的劳动、生活积累而逐步形成的。

如益阳市兰溪镇的山歌，其前身就是兰溪原始社会的先民在水上捕捞、沼泽耕作或家务劳动时创作出来的劳动号子。据该市史学专家莫晓阳先生考证：兰溪山歌起源于新石器晚期黄帝的《咸池》之乐。莫先生在《南洞庭轩辕文化之初探》的学术论文中详细考证了司马迁《史记》中"黄帝南至于江，登熊湘"的真实地址，"熊湘"即益阳县的青秀山。同时，也考证了《庄子·天运》篇中"帝张《咸池》之乐于洞庭之野"的地址，即1983年出土国家一级文物——三把不同石斧的益阳县笔架山乡新兴村。

莫先生认为：当时的《咸池》，是中华民族最早的文化活动，而且顾名思义，应该是个群众性的水上或水边的文艺体育活动。其内容和形式可能包括了声乐、器乐（击石拊石）、歌、舞、曲等多种艺术成分。这种糅合而成的艺术在人类未经教化时期，有着无与伦比的震撼力和感召力。所以，汉代《风俗通义》对《咸池》的评价更是不同凡响："……击石拊石，百兽率舞，鸟兽且犹感应，而况于人乎？况于鬼神乎？夫乐者，圣人所以动天地，感鬼神，按万民，成性类者也。"

而《咸池》中的歌，大概是黄帝扎根益阳之后，其乐官伶伦根据兰溪的土著先民在洞庭旷野、湖乡泽国流行的劳动号子改成的山歌。在文字、衣服都未出现，文化匮乏的年代，黄帝可能把兰溪山歌选进了自己的开国庆典——《咸池》之乐。本来，山歌是少数民族在山野之地随意哼唱的地方歌曲，而兰溪人是清一色的汉族人，不应该有唱山歌的习惯。也许是因为兰溪先民以自己的山歌参加过黄帝的开国庆典为荣，始终不愿放弃，所以才流传至今。

对莫先生的上述考证，在2013年"益阳市第一届轩辕文化学术研讨会"上，来自省内外的资深学者专家绝大部分都认同了他的论点。2014 年，益阳市政府给莫晓阳先生颁发了社会科学的科研成果奖。2016 年 3 月，国务院新闻办主任、中央宣传部副部长蒋建国同志也来信肯定了他的这一史学研究成果。

应该说兰溪山歌在其他省市的山歌还没有出现之前就已经比较完整了，而且，在史前和史后的夏、商两代一直是包罗万象地唱。不过，从两周时期开始，由于人们受周公之礼和孔孟思想的制约，男女之间已接触不自由了，兰溪山歌才把重心转移到了表达男女之间的思念和爱情之上。这就是兰溪山歌与《诗经·国风》中的很多内容基本上趋于一致的原因所在了。

清代益阳县兰溪市图

　　兰溪山歌除了不择时间、地点、各自独唱、对唱之外，还继承了《咸池》之乐的传统唱法——在固定地点集中举行赛歌演唱。这固定地点就是离笔架山乡新兴村只有数里之远的兰溪镇三岔河口。河口的东、西两岸只隔20多米，南、北两岸之隔也不过100多米。每年农闲时节的四月下旬至五月上旬，各地演唱者都主动到三岔河口的两岸进行对唱。尤其端午节那天，山歌又与河中的龙船配合，更是热闹非凡。

　　到了唐代，兰溪三岔河又重新修起了已经倒塌多年的木桥，名曰"枫林桥"，于是歌手们就在各自的桥头聚集。自从有了木桥以后，桥东的可以到桥西去唱，桥西的也可以到桥东来，这样就更有利于歌手们词曲地交流了。于是，兰溪山歌的曲牌、腔韵和板式才有了更为快速的发展，甚至许多秀才、举人也参与其中帮着写词作曲。

　　清代中期，木桥改成了石拱桥。修桥者为了给歌手们创造条件，还特意在拱桥两边的左右用麻石修建了四个都有三丈见方的赛歌台，专供歌手们坐、立赛歌，此台至今还在。

二、兰溪山歌的文化空间

　　传说最早的兰溪山歌是从新石器晚期诞生的，经历了将近5000年的风风雨雨而延续至今，其文化空间自然是出奇的宽阔和丰富。有些人甚至还把兰溪山歌称为中华民族音乐的源地和宝藏，我觉得这样评价一点也不过分！据笔者多年来的研究和探索，将其文化空间的特点大体上归纳为以下四个方面。

　　第一，腔调多样。因为兰溪山歌来自劳动号子，而劳动又是多种多样的，既有繁重的劳动，也有轻松的劳动和一般的劳动。根据

《白虎通疏证》对黄帝所作《咸池》的解释

不同的劳动形式，山歌自然也产生了不同的节奏和腔调。正因如此，兰溪山歌也由此而分成了高腔、平腔（中腔）和低腔。

除了这三种腔调之外，又有两腔中和的混成腔，即高平腔和低平腔两种。但越是劳动强度大的越用高八度的高腔演唱，其发音高亢响亮，有如高山瀑布，激情奔放，故而演唱者多用假声。像在田野里车水要用很大的力气，就唱《中国民歌集成·益阳县分册》中数槽子的高腔山歌——《一个喏嗬呃一啰哇》。如果在田中耕地，反正有牛背着，人只是在后面跟着走而已，那就唱平腔的田头山歌《新起茅屋两头尖》。如果是妇女在家中带小孩或做轻松家务，则用低腔低声哼唱《棉花纺成线》。

第二，板式严格。兰溪山歌的板式也很特别，大体上可分为快板、平板(中板)和慢板。除了这三种常规板式之外，根据歌词的需要又分为流水板和数板。其中快板一般都是用高八度的高腔演唱，而且，四五个词汇要一口气唱完，难度很大，能唱的人不多。像《中国民歌集成·益阳县分册》里的《绿鸟几绿肚皮》就是这种板式(此曲 1956 年，由中央人民广播电台灌成了留声机唱片)。

不过，用于平板的词曲最多，唱的人也不少，节奏一般都是四二拍子，腔调也大多是采用平腔唱法，像原来益阳县水利工地上常常听到的夯实堤坝路基的《打硪歌》就是这种类型。其实，兰溪山歌中慢板的词曲也有不少，其特点是演唱较为自由，节奏常用四四拍子，以一个乐句为自然段来分句。像《中国民歌集成·益阳县分册》中的《山歌唱走千年愁》，这首歌曲就是用慢板来进行演唱的。至于流水板，通常称为散板。其实，它是单一拍子。像比较流行的近似于小调的《十根绒线》就是这种唱法。

第三，曲牌丰富。兰溪山歌确实是个音乐宝库，其曲牌多得令人眼花缭乱。但由于官方重视不够，甚至带有偏见，认为这种哥哇妹的唱词腔调，属于庸俗之列，不能登大雅之堂。加上多年来，又缺乏专人研究、搜集和整理，致使相当一部分曲牌在民国时期就已经消失了。到目前为止，有关部门已抢救性地收集了 60 多种曲牌。

兰溪山歌的曲牌如果按粗线条划分，可分为号子山歌、田头山歌、家务山歌及小调山歌四种。前面讲的《一个喏嗬呃一啰哇》属于号子山歌，妇女在家唱的《棉花纺成线》属于家务山歌。但唱得最多、流行最广的是田头山歌和小调山歌，光是这两种山歌的曲牌就达 40 多种。而其中小调山歌，一项就占了 30 多种。而且，一般都是采用平腔唱法，它既能表述故事情节又有人物活动形象。比

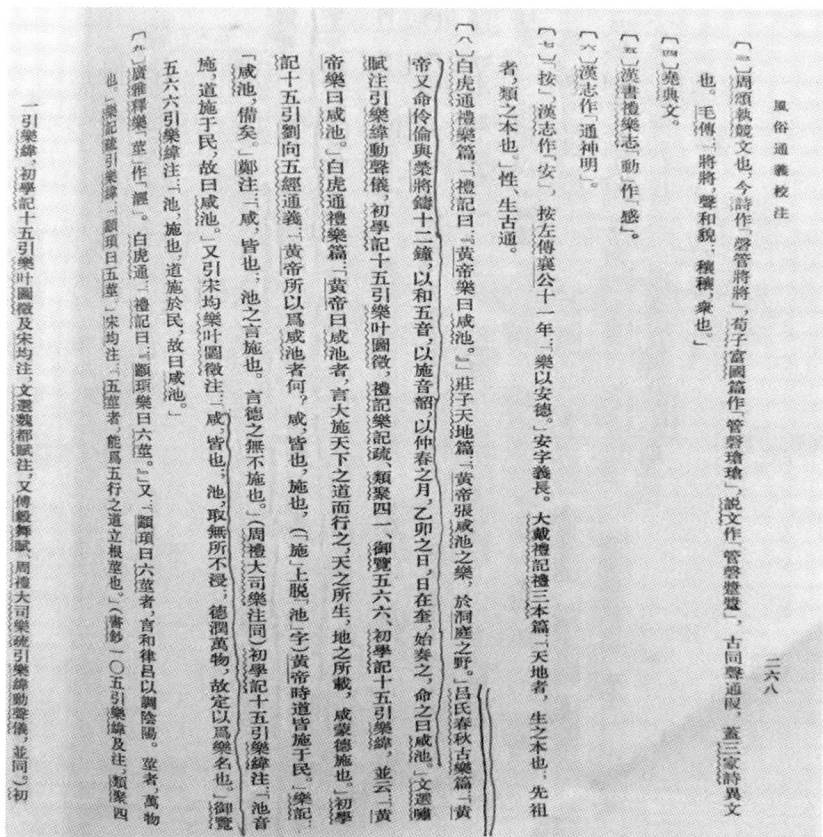

《风俗通义校注》对黄帝作《咸池》张乐于洞庭之野的阐述

如《中国民歌集成·益阳县分册》中《白牡丹》的曲牌是一板两眼的男女对唱，旋律性强，板式规律，抒情而又述事，中间还穿插有男女双方的道白。这种形式的山歌有完整的故事、生动的形象，深受群众喜爱。

流行于益阳的地花鼓就是由兰溪的小调山歌进化而来的。如人们最熟悉的《新拜年》《十杯酒》《拖板凳》等，并不是什么地花鼓词曲，而是兰溪的小调山歌。益阳的地花鼓大概形成于明代初期。到了明代中期，在地花鼓的基础上又有了进一步的发展，开始出现了丝弦小调，并配以二胡、琵琶、笛子、唢呐等器乐，人物也由两人演唱发展到了有小生、花旦和小丑的座唱式折子花鼓戏和舞台戏剧。可见，兰溪的小调山歌是孕育和派生益阳地花鼓和湖南戏剧的母体。有的剧目甚至原封不动地照搬兰溪山歌进行演唱，如湖南音像制品中的《生死牌》《芦林会》里面唱的八同牌子就是兰溪山歌中的一种。还有那一领众和的《四六调》，更是地地道道的兰溪山歌。

虽然兰溪的田头山歌由于早年腔调的流失和自身词曲内容的局限，长期以来都显得比较平庸。不过，在现代也有很大的发展，甚至还以一二十人表演的歌舞剧或情景剧的形式在舞台上展现。如1979年参加益阳地区民歌调演的兰溪山歌《如今农村机器多》和2013年参加湖南省欢乐潇湘会演的兰溪山歌《斗笠情缘》都属于这种类型。《如今农村机器多》的词曲还在当时的《湘江歌声》发表过。

第四，演唱形式灵活。由于兰溪山歌内容丰富、腔调多样，自然就有其演唱形式的多样性了。按照常规的划分，大概有四种形式：

2015 年元月赫山区送文化下乡启动式在兰溪镇举行，歌手们分桥东桥西两队，男子组和女子组对唱。

一是独唱。如《中国民歌集成·益阳县分册》中用平腔演唱的小调山歌《十月子飘》和《倒采茶》等，都在独唱之列。

二是对唱。如兰溪人耍地花鼓也好，唱山歌也好，最喜欢唱的是《五瞧妹》和地花鼓《十二月望郎》，而这两个词曲正好是典型的男女二人对唱。

三是一领众和。这种方法是由一人或几人领唱，随后众人跟着合唱。比如治湖工地上的《打硪歌》和端午节的《龙船歌》都是属于一领众和的范畴。

四是多声部合唱。这是用四五度音调构成和声同步进行的演唱。如兰溪的歌手们聚在一起经常唱的《阳雀头上一点红》和《如今农村机器多》就是采用的这种形式。

尤其是参加 2017 年湖南省欢乐潇湘会演的山歌情景剧《桂妹子招亲》，这个节目把兰溪山歌和兰溪龙舟两个省级非遗文化糅合在一起，使划船活动与山歌对唱互相呼应。庞大的划船队伍与柔情婉转的兰溪山歌相映生辉，又水乳交融。其场面壮观而又热烈，群众更是喜闻乐见。

由于兰溪山歌具备了历史悠久和文化空间宽阔的几大优势，早已成为了我们民族艺术殿堂中首屈一指的独特艺术奇葩。其所以称之为首屈一指，是因为它在原始社会晚期就产生了"感鬼神，按万民"的神奇魔力。所以，笔者深信，这一艺术奇葩将会在今后的人类社会历史长河中展现出更为靓丽璀璨的风姿。

三、抢救性搜集中的忽视

不过在 1979—1981 年间，在全国抢救性搜集整理地方民歌的工作中，益阳县有一个遗憾——忽视了兰溪山歌中一些较长的曲调、文本的收集。其实，那次大规模的收集工作是文化部安排的，是中国有史以来的第一次，也是唯一的一次，笔者也是参与人员之一。

当时全县收集的重点就安排在兰溪，我们的办公室也设在兰溪。兰溪区下辖六个公社、一个集镇和一个农场，各单位选定的歌手一批批地送到办公室来演唱。在演唱过程中，一个歌手要配三个采编人员：一个记词，一个记谱，一个录音。由于有的文本较长，尽管我们有两个组分别工作，但一天也接待不了多少歌手。于是，我们将一些内容太多、文本较长的山歌给甩掉了。本文前面提到的《十二月望郎》和《白牡丹》，那是已经由兰溪山歌演变成了地花鼓词曲，而且，又是在向一旦一生的折子戏进化的雏形，我们还是理所当然地收进了《中国民歌集成·益阳县分册》。

但对于不属于地花鼓类型的、文本又长的山歌，一个都没有收录。如田头山歌中也有一个《十二月望郎》，就是因为内容太多，被我们毫不留情地抛弃了。这组山歌是由女子利用 12 个月的节令唱出了 12 段对心上人的思念之情和提出了心上人为什么不去登门看望的疑问。在女方每唱两个月之后，则由男方利用农时的劳作回唱一段，解释为什么没有去看望女方的原因。其间，采用的唱词和回复的理由非常自然而巧妙。这样，男方就有六段唱词，加上女方的 12 段，总共是 18 段唱词了。

对于这 18 段唱词，不看不知道，看了吓一跳。它用乡土气息浓厚朴素的语言把我们民族从古至今的民俗、节令、文化和 12 个月的农耕文化全部唱出来了。现在，我才明白，原来被我们抛弃的是一块和氏之璧的瑰宝！毋庸置疑，这组山歌是中国民歌精品中最完美、最优秀的上乘之作。但愧疚的是，由于我们的忽视，当时没有收入《中国民歌集成·益阳县分册》。今天，我只好借此机会，将此山歌附录于后面的第三个部分。

益水之说的谬误

莫晓阳

摘　要：益水，是益阳县资江河段的一条支河。但因地名的更换，从宋代开始，人们都把它当成了资水的别名，由此而造成了新闻媒体和书刊出版等文史上的严重错误。此河虽然短小，但他有非凡的来历和意义。所以，很多有点知识的人动不动就拿"益水之阳"来追溯益阳的历史。

关键词：益水；资江；《水经注》；志溪河；益阳江；益阳

益水，是湖南省境内一条极为普通而又短小江河的称谓。秦汉时期，名字就已经出奇的响亮了。可想而知，他早在秦前的夏、商、周，甚至更早的年代就已经存在了。

然而，从宋代开始，可能是由于地名的更换，"益水"二字几乎已经消失。其实，有了新的名字，旧名消失也无关紧要。谁知一些有点学问的人却偏偏喜欢翻古。当然，如果翻对了，让人们增长一点地理沿革知识，也不失为一件好事。问题是翻错了，撰文者都把益水作为别名套在资水之上了，致使一千多年来，益阳文化、教育，以致史学界的专家学者们没有一个能够分辨出真伪的。尤其是少数高层次知识分子和新闻媒体至今还在一个劲地误传、误导，这不能不说是一个十分荒唐而又可笑的错误。

一、把益水当成了资水的别名

2006年4月，中央和省级二十多家新闻媒体同时环行洞庭进行集体采访，湖南卫视台记者杨全等三人写了一篇题为《益阳随笔》的新闻。其导语的第一句话就"溯本追源"："资江，古称益水，益阳因此而得名。"此文在省电视台多次播放之后，同年十月，还由益阳市委宣传部特意选编在《魅力益阳》之中。

无独有偶，2007年益阳市委主办的期刊《新益阳》第二期，由向东流等三位作者联合撰写的《安化马帮文化初探》一文，在第三段的开头就有："资水，古称益水，又叫蚩尤江"的说法。其措辞和语气都十分肯定，并使用了引号和冒号，说明不是作者的任意杜撰和道听途说。但文章中引用和追溯的依据到底出自哪朝哪代的史志，却无出处。

尤其是2008年，益阳市委宣传部为了使更多的人解读益阳文化，组织了社会各界的精英汇编了一本教科书式的普及性宣传读物——《益阳文史知识八百题》，并于同年11月由作家出版社正式出版发行。他们在此书第四页的第三题自问自答地说："益阳置县时，为何定名'益阳'。"答："《益阳县志》(清同治版)记载：'益阳县在益水之阳，当为县名。'《湖南通志》卷十四《地理志·资江》载：'资水……东北径益阳县南，曰益阳江。'资水亦称益水。益阳县府设在资水北岸，山南水北曰阳，故称'益阳'"。[①] 这样一本教科书式的权威性读物居然也把资水当成了益水，这是在正儿八经

---

① 益阳文史知识八百题.北京：作家出版社，2008.

地混淆视听！

更有甚者，2009 年，益阳市档案局为了彰显益阳的文化，在原益阳市委大院临街的南面，傍山脚修了一堵流传千古的文化墙。墙面用黑色大理石镌刻了益阳古城的十景图和十景诗，专供大街上过往的行人观看。文化墙的两头还配上了修建者的前言后语，但在序言的第二段就有"千里资江，古称益水"的错误。

至于以前的报刊及各种书籍中关于益水即资水之说更是屡见不鲜了，甚至某些文史集成的文章也未跳出这个误区。而读者、听众不光认同这一谬论，有时还要人云亦云地推波助澜作为文献引用，益水就更加堂而皇之地成了资水的别名①。宋代以来，全省的文人学士可谓成千上万，而竟连四大江河之一的资水的沿革都不了解，怎么对得起"惟楚有材，于斯为盛"这八个字呢？实在有失湖南人的体面！尤其是人才辈出的益阳，把自己母亲河的称谓都弄得颠三倒四，更是难辞其咎！

二、资水另有别名

是的，资水也确有两个别名，但不是益水二字。据北魏时期的《水经注》记载："资水，出零陵都梁路山，西北流径邵阳县南，自下东北出益阳县，其间流迳山峡，名之为茱萸江，又谓之资水。"②这茱萸江才是资水真正的别名，也是最为可靠的史料依据。

也许此书的读者虽然很多，但知者寥寥无几，也未见有文人学士引用，更未见有专家学者撰文纠正错误。就连《湖南通志》卷十

---

① 资水与益水的混淆，确实始于宋代，而且，也从未有人质疑和纠正。
② 郦道元. 水经注. 江苏：江苏古籍出版社，1989.

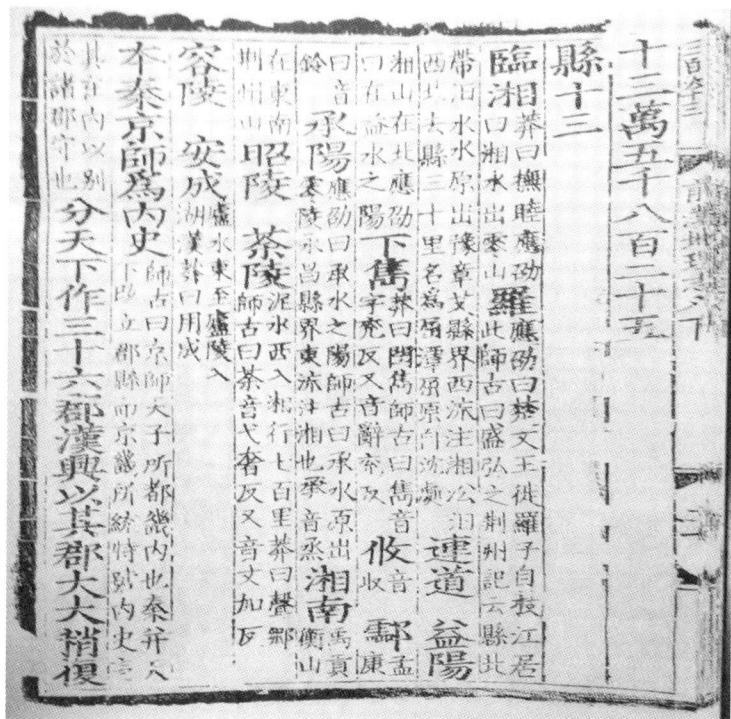

《汉书·地理志》对益阳县湘山和益水的记载

四《地理志·资江》也记载成："资水亦称益水。"如此权威的史志也搞错了。而近代《益阳县志》更未明确给予甄别，只是含糊其词地说："资江、益水，古籍未析其异同"。① 怎么未析其异同呢？唐代和唐代以前的史志都已说得清清楚楚，只是我们的一些学者没有看到而已。

如此重要的地名文化，该用的闲置不用，完全是一种文化的浪费！而不应该用的错误沿革却时常出现。至于为什么叫茱萸江？

---

① 益阳县志.七修首卷，1932.

后来的《舆地纪胜》及《新化县图经》考证得比较清楚："邵阳县北四十里有茱萸峡及茱萸滩。"①可见别名的由来就在于此。早年安化县还有个萸江中学，实际上这是借资江命的校名。

另外，资江还有个别名，即资水在益阳县境内通过的那段河道，又叫益阳江。因为郦道元的《水经·湘水注》曾有记载："湘水左会清水口，资水也，世谓之益阳江。"《水经·资水》又说资水"又东北过益阳县北，又东与沅水合于湖中，东北入江也。"郦道元自己做注说："湖即洞庭湖也，所入之处谓之益阳江口。"②

根据这段文献来分析，当时的沙头、张家塞可能还没有挽垸，属于南洞庭的水域范围。所以，资江就在甘溪港与沅水尾部合于沙头、张家塞的洞庭湖中。

三、益水即现在的志溪河

既然茱萸江和益阳江才是资水的别名，那么益水又是哪条江的别名呢？我们不妨翻开唐宪宗年间的《元和郡县志》看看。这本志书是我国历史上第一次也是最后一次由国家为郡县一级统一编纂的史册。此书记录了全国郡县的沿革及山川情况，但对每个县的记载都很简单，只有百把个字。幸亏此书把益阳县的资水和益水做了比较详细的介绍："资水，一名茱萸江，南自邵州流入，经县南三十步。县西有关羽濑，南对甘宁故垒，昔羽屯兵水北，孙权令鲁肃、甘宁拒于此水，宁谓肃曰：'羽闻吾咳唾之声，必不敢渡，渡则成擒也。'羽闻宁处分，曰：'兴霸声也。'遂不渡朱萸江。益水，

---

① 王象之.舆地纪胜.北京：中华书局，1992.

② 郦道元.水经注.江苏：江苏古籍出版社，1989.

出县东南益山，东北流入资水。"①

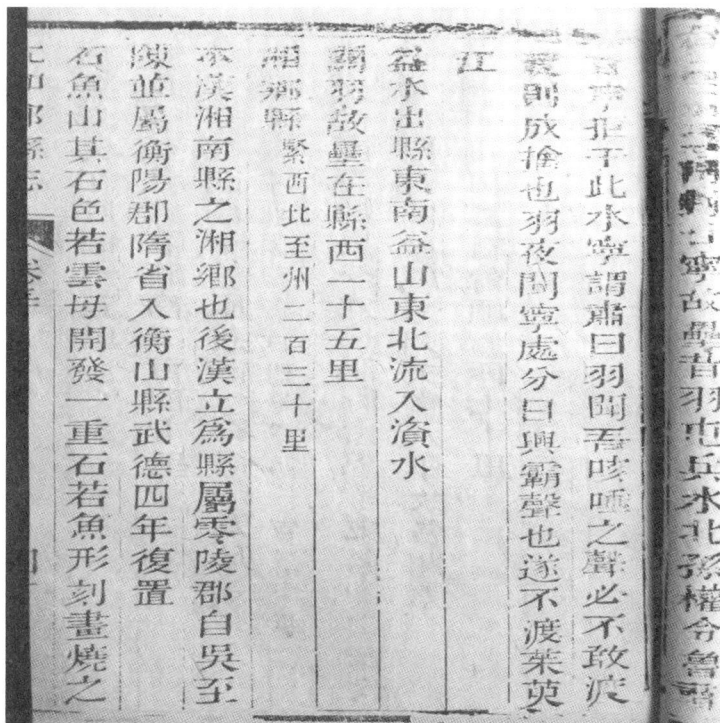

唐代《元和郡县志》对益水流入资江的描述

　　这个纪录与《水经注》的记载是相吻合的，尤其还清楚地说明了益水和资水是益阳县境内两条不同的江河。而且，益水的末端还流入资水，这就更进一步明确了二者之间完全是一种支流与主流的关系。某些学者居然把他们作为称谓的先后关系进行宣传，这无异于把父子两个混同一人，把刘玄德当成刘阿斗，把刘阿斗当成刘玄德了，简直错得有点不着边际。不过，这也无可厚非，因为，中国的教育界从古至今都没有规定人们去读《水经注》和《元和

① 元和郡县志.北京：中华书局，1983.

郡县志》，没有读到，自然就不足为怪了。但是，不应该人云亦云地进行错误宣传。

弄清了二者的主次关系之后，新的问题又使人们困惑不解，益水到底在哪里呢？现在的益阳县境内根本就没有一条叫益水的江河，就连益山这个名字也消失了。不过，名字消失并不等于那个曾经盛极一时的山河实体已经消失了。因为，益阳人和益阳人的老祖宗都热衷于改地名，也许是被新的称谓取代了。当然，也不排除那种三十年河东，四十年河西的特大变迁，历史更换山河的位置，也不无可能。

但不管什么原因，我们都只能根据《元和郡县志》的记载去按图索骥了。当时的益阳县包括宁乡、桃江，从地理位置来看，县治东南乃是大沩山和岳家桥一带。这个方向也正好有条河流，古考发源于宁乡县大沩山的铁芦村，经泥江口至谢林港，然后一路滔滔不绝地流入了资水，全长大概八十公里。从该河的方位来看，也正好是从东北汇入资水。此河的源流与汇入的方向均与志书所描述的完全一致。不过，它不叫益水，而是称志溪河。名字虽然对不上号，但也不能排除它不是益水，至少可以把它作为一个嫌疑对象看待。

为了进一步把问题弄清，我们必须继续查找河道东北流入资水的其他江河，看是否还有对号入座的对象。结果，从明、清时期的县志和省志查起，一直查到现在，查来查去，县治东南发源，东北流入资水的河道再也找不出第二条。因为，益阳县除了资水这条主河，支流只有两条，即志溪河与桃花江，而桃花江的地理位置和流向与志书所载不符，不在嫌疑之列。

此外，据东汉时期史学家应劭解释班固《汉书·地理志》中益阳县的湘山时说："湘山，在益水之阳。"①居然《汉书》里面也暗示了益水二字，但湘山是什么山呢？据笔者所撰《熊湘山考辨》②的多方论证，湘山即青秀山。这里应劭所说的益水也是指现在的志溪河。因为，青秀山四周除此河之外再无别的河道。按照水北为阳的说法，其峰又正好位于该水的东北。既然三处史志所证实的结果都一样，那么，舍此河还有其谁呢？志溪河就是理所当然的益水了。并由此得知，益山也未消失，可能就是现在宁乡市境内的大沩山。

被人们张冠李戴地混淆了千百余年的益水，在上述史料面前终于显露了他的真实身份。不过，大家都非常费解：这样一条又短又窄连江河都称不上的小溪流，怎么会有那么多著名史志把他载入史册呢？这是因为在司马迁的《史记》中有"黄帝……南至于江，登熊湘"③的记载。而熊湘山（即青秀山）是中华民族文化的发祥圣地，此河又紧靠熊湘山，史学家们自然不拘其大小长短，也要把他带上一笔作为陪衬，也算是伴佛沾恩了。这就是诸多史料中有"益水"二字的原因所在。

四、益水称谓的来历

确实，"益水"二字来历非凡，它与笔者研究的南洞庭新石器晚期的轩辕文化有着密切关系。轩辕大帝通过二十多年的征战，终于平定了五方，在河北涿鹿斩杀蚩尤之后，又来到了鱼米之乡的赫山区，没有按照后世北方史学家们的愿望去"邑于涿鹿之阿"。因为，

---

① 班固. 汉书. 北京：中华书局，1962.

② 莫晓阳. 熊湘山考辨. 湖南城市学院学报，2009(5).

③ 司马迁. 史记·本纪第一. 北京：中华书局，1975.

他走遍了全国，发现南洞庭是最适宜人类生存发展的风水宝地，与仍然靠采摘野果和追捕猎物为生的北方相比不知要先进多少个世纪。所以，他打算在龙光桥立都，建立一个"无为而治"的大同社会。

而且，轩辕精通阴阳之理，知道山不动为阴，水动为阳，当时南洞庭乃四阴六阳之地，阳气稍微旺了一些。他无法改变水陆二者所占的比例，只好在地名上做文章，把南洞庭命名为益阳。因为"益"字的主要解释是有好处和利益，意思是南洞庭虽然水多阳气旺，但它是有好处的阳气。显然，这是轩辕从期待愿望的角度来取的名字①。

志溪河在船舶厂旁边流入资江。照片北面的河流就是资江。
两河交汇是在河堤的凸出部位

接着，他又把发源于宁乡铁芦村的河流命名为益水，即现在的志溪河；把铁芦村的那座高山命名为益山，即现在的大沩山。这

①　本书第一篇《南洞庭轩辕文化之初探》里，已有了论述。

样，轩辕大帝在南洞庭从阴、阳角度出发，一连命了三个与河山有关的以益字开头的地名。其实，只要认真考究益水二字，就会发现我们人文初祖的良苦用心。既然水为阳，益水不也是益阳了吗？看来，二者的含义完全是一致的，只是把阳字换成了一个水字而已。

难怪班固的《汉书·地理志》把湘山都写进去了！其实，这湘山(即青秀山)海拔只有503米，莫说是在全国全省，在益阳都排不上位置，而他却不惜笔墨、正儿八经地记了一笔。而且，班固对整个长沙国的山岳就只记载了湘山和衡山。衡山是全国的名山大山，理所当然要写入史册。但湘山与附近的大沩山、雪峰山、幕阜山、德山比较，那是矮小得不可入围了。然而事实上，班固放弃了那些大山不记，却只记了这么个小不点。尤其东汉史学家应劭更是一点也不怠慢，拿一条又短又小的溪流给他作注，说是"在益水之阳"。这句话使得一代代的后人动不动就拿它来解释益阳，以图说明益阳二字就是由此而来。其实，应劭说的是湘山在益水之阳，并不是说益阳在益水之阳。班固和应劭都这么重视湘山和益水，无非就是笔者前面讲述的，此河此山与人文初祖轩辕大帝有着直接的关系，是轩辕亲自命名和开创华夏第一个王朝的文明圣地。

不过，非常遗憾的是，两个小地名早就消失了。益水改成了志溪河，益山也成了大沩山。所幸大地名益阳二字，从4700多前年的轩辕大帝开始，至今还没有人敢动，仍然叫益阳。而且概念和地域范围变得越来越大了，由原来南洞庭边缘的益阳县，变成了拥有500万人口的益阳市。

可见，志溪河才是真正的益水，资水的别名叫茱萸江和益阳江。而多年来，很多人不做认真考究，才造成了如此严重错误。但愿从此以后，喜欢拿"益水之阳"说事的知识分子再也不要把她当作资水的别名撰文立说而贻误后人了。

浅谈端午和龙舟的真实源流

莫晓阳

摘　要：本来，端午节是我们人文初祖轩辕大帝在南洞庭立都之后，根据阴阳五行的衰旺，为华夏人民确定的一个消灾祛病的日子。划龙船也是他举行开国庆典时，《咸池》之乐中的重要内容，后来被移植到了端午节。因当时还没有文字，无任何记载。到了后世，便被一些文人学者移花接木，把端午节和划龙船变成了伍子胥、屈原等人的纪念日和追悼活动。尽管这一错误流传已久，世人都已达成了共识，但在铁的事实面前，端午和龙舟的源流，也终于有了水落石出的真相。

关键词：南洞庭；《咸池》；端午节；龙舟活动；轩辕；伍子胥；屈原；曹娥

一、导言

秦汉以来，只要提到端午，人们自然就想起了龙舟；一提起龙舟，又联想到了屈原、伍子胥等人。久而久之，对于端午和龙舟的始源，人们似乎有了一个比较普遍的固执的观念，认为二者皆源于屈原或伍子胥等人。其实，笔者认为，端午怎么会是源于历史上的某些个人呢？端午可能源于南洞庭新石器晚期的轩辕文化，龙舟也可能源于轩辕时期的《咸池》①之乐。这两大民俗文化，早在原始社会的益阳县（即现在的赫山区）就已经形成了。谁知到了后世，又冒出了若干个不同年代、不同地域的端午节和龙舟活动的源流，把真正源于益阳县最完美的端午节和龙舟文化抛到了九霄云外，以致无人问津。这真是黄钟毁弃、瓦釜雷鸣了！

二、宣传较多的端午起源

纵观历代对端午的源流之说，可算是众说纷纭。归纳起来，大概有十多种。不过，流传较多的有以下三种：

1. 纪念屈原说

屈原，战国时期楚国人，楚武王熊通之子，屈瑕的后代。他曾忠事楚怀王，倡导举贤任能、富国强兵和力主"联齐抗秦"之策。公元前299年，秦国攻占了楚国八座城池，接着又派使者请楚怀王去秦国议和。屈原知道这是秦王的阴谋，冒死进宫陈述利害。楚怀王不但不听，反而将屈原革职，赶出郢都，流放到沅、湘流域。楚怀王如期赴会，谁知一到秦国就被当作人质扣押。三年后，客死于秦。

公元前278年，秦军大将白起攻陷楚国郢都。屈原知道后，捶胸顿足，哀哭不已，于农历五月五日忍痛写下了绝笔之作《怀沙》。然后，对天长叹，抱石投汨罗江而死。他用赤诚豪放的生命谱写了一曲悲愤的爱国主义壮歌。

---

① 陈立. 白虎通疏证·礼乐. 北京：中华书局，1994.

屈原死后，楚国百姓纷纷跑到汨罗江边去进行悼念，还有不少人划着船只在江上打捞他的遗体。甚至有人拿着饭团、大米等食物抛到江中，说是让鱼虾们吃饱了，就不会去咬屈大夫的遗体了。所以，到了后世，每年的五月初五就定为了"端午节"，也有了龙舟竞渡和吃粽子的习俗，目的是以端午节和划龙舟来纪念这位伟大的爱国诗人。唐代诗僧文秀还写了一首怀念屈原的七绝："节分端午自谁言，万古传闻为屈原。堪笑楚江空渺渺，不能洗得直臣冤。"①

2. 纪念伍子胥说

伍子胥又名伍员，系春秋后期楚国大夫伍奢之子。因父兄遭受费无忌陷害，被楚平王所杀，伍子胥被迫逃亡吴国。在吴国结交了专诸和要离，精心辅佐吴王阖闾富国强兵，五战而入楚都郢城。当时平王已死，子胥怒掘其墓，鞭尸三百，以报父兄之仇。接着，又助夫差伐越，吴军士气高昂，越军大败，越王勾践要求议和，夫差许之。而伍子胥建议一举灭掉越国，但夫差听信太宰伯嚭谗言，不受"联齐抗越"的主张。

后来，伯嚭受越国大臣范蠡贿赂，进而向夫差献谗言，说子胥居功自傲、狂妄自大，终将背叛吴国。夫差信以为真，遂赐伍子胥宝剑一把，让其自裁。伍子胥本乃豪爽忠勇之士，对于吴王的赐死并不畏惧。但在死前，他对邻居和下属说过，我死后，请将我的眼睛挖出来悬挂在吴京东门之上，我要清楚地看到越国军队是怎样灭亡吴国的，说完，即刎剑而亡。

有人把此事报给吴王，吴王听了大怒，命令将伍子胥的尸体装

---

① 文秀. 全唐诗. 北京：中华书局，1999.

在一个皮囊里,然后将皮囊抛入大江。其时,正好是农历五月五日,所以,后来就定五月五日为端午节来纪念伍子胥。

3. 纪念孝女曹娥说

曹娥,上虞皂湖乡曹家堡人。其父曹盱乃巫师,能"抚节按歌,婆娑若神"。东汉汉安二年(公元143年)四月,曹盱驾船在舜江中恭迎潮神伍子胥。船到江心,狂风骤起,几个巨浪,小船翻覆,曹盱沉入江底,亲友捞尸数日而不见。

其女曹娥,仅十四岁,因思念父亲,昼夜沿江声嘶力竭地号哭。十多天后,曹娥的眼泪都哭干了,仍未见父亲尸体浮出水面,她悲痛欲绝,遂于农历五月初五投江而死。谁知三天后,曹娥尸体竟抱着父亲尸体浮于江面,乡人觉得奇异,就四处宣传。后来传至县府知事,知事度尚大为感动。为纪念曹娥的孝节,度尚改舜江为曹娥江,又以曹娥为该江水神,并为之建庙立碑,由自己的弟子颍川文学家和书法家邯郸淳作诔辞颂扬哀悼。

孝女曹娥之墓,在今浙江绍兴。碑文曾多次改变,到晋代由大书法家王羲之写了一次,宋朝徽宗赵佶也写了一次。曹娥庙始建于公元151年,庙址就在曹娥投江之处,其后,亦曾多次改建和扩建。庙内有近两千年的文化积淀,艺术品位相当高,如雕刻、壁画、楹联、书法"四绝"饮誉海内外。曹娥居住的所在地早已改名为曹娥镇。因此,江浙一带也定五月初五为端午节。

三、宣传较多的龙舟起源

对于龙舟的起源,各地也是根据自己所设计的端午节的需要,自然地把划龙舟当成了端午节的主要内容。时间一久,已约定俗成，节日与活动像早年连在一起的油盐坛子一样不可分割了。这样一来，也无须赘述，龙舟活动自然像端午节一样五花八门了。什么纪念屈原、曹娥、马祖等等，可能也有十多种说法。

1. 汨罗龙舟之源

据《寰宇记》卷一百四十五《寰州风俗》引《寰阳风俗记》载："屈原五月五日投汨罗江，其妻每投食以祭之。原通梦告妻，所祭食皆为蛟龙所夺。龙畏五色线及竹，故妻以竹为粽，以五色丝缠之。今俗其日皆举五色丝、食粽、言免蛟龙之患。又原五日先沉，十日而出，楚人于水次迅楫争驰……意存拯溺，喧震川陆。风俗迁流，遂有竞渡之戏"。①这一习俗传承至今。每年四月中旬就开始举行龙舟出龛仪式，把龙舟请下来修整打油，并组织水手上船练习。

2. 沅陵龙舟之源

据《风俗通义》《溪蛮丛笑》《辰溪府志》等史书显示，早在屈原之前，沅陵就有了龙舟。其龙舟发源于上古，祭祀对象是五溪各族的共同始祖盘瓠。

相传五帝时期，高辛氏，又名帝喾，系黄帝曾孙，与犬戎部落首领交战，连连失利，他就发誓公开许愿："谁帮我除掉了犬戎部落首领，我就将自己女儿辛女许配给他。"结果，一只叫盘瓠的龙犬斩杀了犬戎部落的首领。高辛只得履行诺言，以女相嫁。于是，盘瓠便与辛女结成了夫妻。

但婚后，盘瓠带着辛女落户在沅陵半溪石穴，生下了六儿六

---

① 乐史·太平寰宇记. 北京：中华书局，2007.

女。因当时周边没有人类，为了繁衍后代，盘瓠安排子女互相婚配，才形成了现在的湘西瑶族和土家族。盘瓠死后，子孙宴请巫师为其招魂。而沅陵山多水广，巫师不知他魂落何处，就安排盘瓠的子孙打造几条龙舟，逐溪逐河寻找呼喊，以致演变成后来划船招魂的祭巫活动。

3. 百越龙舟之源

上古时期，百越的所属范围相当宽广，浙江、福建、广东、广西等东南沿海一带都在其内。进入远古时期之后，又称吴越民族。这个民族的祖先有断发文身和喜食虫蛇蚌蛤腥味之物的习俗。

由于当时人类的生存环境非常恶劣，人们认识水平不高和文化素质太低，经常疑心某种生物有着不可思议的超自然的力量。因此，他们认为那些生物是他们全族的祖先兼保护神，即现在人们所说的图腾。古代的吴越民族就是以龙为图腾的。他们住在沿海一带，与水打交道的日子比较多，都喜欢把自己的头发剪掉，好便于下水劳作。文了身像蛟龙的形象一样，以为模仿了蛟龙的习性就可以避免水中动物的伤害。

吴越民族有五个以龙为图腾的部落，经多次协商，五个部落最终达到了统一。统一后的部落决定，以五月的第五日为图腾祭拜日。此后，每年的五月五日这一天，他们要举行盛大的图腾祭，将各种食物装在竹筒中，或裹在树叶里，一边往水里扔，献给图腾神吃，一边自己吃。最后，还在急鼓声中划着那刻画成龙形的独木舟，在水面上竞渡游戏，给图腾神，也给自己以某种精神的慰藉。但是，在伍子胥死后，吴越地区为什么又把龙舟活动说成是纪念伍子胥呢？岂不自乱其说？

四、端午的来源探究

看了前面的端午之源，只要联系起来略微考究一下，问几个为什么？任何人都会产生一种杂乱而不真实的感觉。最有影响力的是伍子胥、屈原和曹娥等人，他们似乎都有一个共同的特点，都把自己的死亡之日确定在五月初五。而他们的生前都不是住在同一个地域，也不是生活在同一个年代，怎么会不约而同地想到要在五月五日去自刎或投江呢？是谁给他们统一了这个日子？真是匪夷所思。而且，在他们死后，活着的人就以五月五日作为端午来进行纪念。

伍子胥是春秋时期的人，死得最早，那就应该以他的死亡作为端午节来纪念了。既然已经有了端午节，后世的屈原、曹娥等人怎么又冒出了端午节的源流之说呢？这说明，在他们死前，中国早就有了统一的端午节，要不，怎么会不约而同地都选在五月五日去死呢？

确实，端午节并不是以某些人的死亡来确定的，既不是什么纪念日，也不是庆贺日，更不是夏、商、周时期的产物。而是早在新石器晚期，我们的人文初祖轩辕大帝在南洞庭的益阳县（即赫山区）开创了华夏的第一个文明王朝之后，发现每年只要进入农历五月，气温升高，蚊虫蛇蝎和各种病毒就祸害人类，而且还具有往复性。

因为，南方的特点是江河湖泊星罗棋布，雨水多，气温高。尤其到了农历五月，空气潮湿，天气闷热，各种器具和衣物也容易发霉，故称之为梅雨季节。此时，也是各类疾病和瘟疫流行之季，因为，像蚊子苍蝇、蜈蚣毒蛇等所有害虫全都出来了。《吕氏春秋·

季春纪》曾有记载："季春行夏令，则民多疾疫。"①冯应京的《月令广义》说得更为清楚："五日用朱砂酒，辟邪解毒，用酒染额胸手足心，无会虺(古书上说的一种毒蛇)蛇之患。又以洒墙壁门窗，以避毒虫。"②晋代《风土志》亦有"以艾为虎形，或剪彩为小虎，帖以艾叶，内人争相裁之。以后更加菖蒲，或作人形，或肖剑状，名为蒲剑，以驱邪却鬼"的描述。

把五月作为毒月，把初五作为恶日的史志记载，可以说不胜枚举，甚至有的还认为五月初五出生的小孩都是不吉利的。《史记·孟尝君列传》记载了史上有名的孟尝君正好出生在五月初五。其父对其母说："五月子者，长于户齐，将不利其父母。"东晋大将王镇恶也是五月初五出生的，其祖父就给他取名为"镇恶"，意思是以毒攻毒，以恶镇恶。宋徽宗赵佶也是五月初五出生的，因此从小就不让他接触父母及其他亲属，一直寄养在宫外。可见，不管是上古还是远古，把五月初五作为恶毒之日，早就是我们华夏的一种普遍现象了。

轩辕及其部众基本上都是北方人，来到益阳之后，水土不服，再则五月雨量增多，气温升高，就更加不适应了，很多人病得茶饭不思，骨瘦如柴。当地土居的南方人也不例外，也有不同程度的病痛灾厄缠身，其中还有不少人命丧黄泉。有的死于毒蛇之口，有的死于蚊虫传播的细菌，有的死于仲夏流行的病毒等等。而且，这种现象具有往复性，好像有规律一样，每年只要进入五月就是如此。当时，人类的科技水平很低，无法理解这一现象，总认为是天降灾厄或鬼神为祸。

---

① 吕不韦. 吕氏春秋·季春纪. 上海：上海古籍出版社，1989.

② 冯应京. 月令广义. 山东：齐鲁书社，1997.

而轩辕是个极顶聪明的天子，又精通中医中药之道，身边还聚集了一大批能工巧匠和各类精英。他与大挠、容成等心腹大臣根据五行八卦和天干地支创造出了黄历(亦称农家历)之后，知道每年的五月即地支的"午"月，为阳。而午即"仵"，是万物已达阳气极盛之时，阴气开始从地心往上冒，故有邪祟恶煞并出祸害人间。尤其是五月初五，乃两阳相叠，更加凶上加凶，险上加险了。

怎样才能趋吉避凶，使人类远离祸害呢？轩辕找不到好的对策。但他早就听说过，离龙光桥只有二三十里远的桃江崆峒村有一位修道的神仙叫广成子。于是，他带着王后和几个武将前往崆峒村求教于广成子。这就是后人所说的轩辕找广成子问道。传说中这广成子乃太上老君的化身，是专门到益阳来帮助他排忧解难的。可能广成子好心地告诉了轩辕，要他把五月初五定为端阳节，又称端午节。轩辕自然深信不疑，把每年的农历五月五日定为了端阳节，同时，号召人民在节日这天百事不做，到郊外游玩。后人为了纪念轩辕这次有重大意义的行动，把崆峒村四周两公里之内的山地都分别命名为端阳山、国王山、王后坡和将军山。而且，这几个地名从古至今都未曾改动。可见，这才是中华民族端午节的真实源流之处。

"端午"二字从字面理解，"端"即开端，初始之意。"午"又通"五"，指五月，也指五日。当然，"午"又为阳，所以端午节又称"端阳节"。广成子可能还要轩辕在端午这天号召先民到郊外游玩，游掉一年的凶数秽气；同时，用菖蒲艾叶等中草药抗病消灾等等。正因如此，崆峒村五公里的周边，才有端阳山，国王山与王后坡、将军山这样一个记载了重大历史事件的完整的地名文化。当然，也由此可见，端午节是个消灾日。

这里谈到了阴阳问题，顺便讲一下益阳的来历。益阳是一座历史悠久、文化深厚的古城。至于悠久到什么年代？可能至少要延伸到新石器晚期。因为当时，南洞庭的原始先民已经有了种植、养殖和捕捞三大产业，自然要伴水而居了。而且这名字有史以来从未改变过，但所有的益阳人自古至今都不知道这个名字是怎样来的，由谁而取？早几年，笔者与益阳市政协副主席陈延武同志讨论过"益阳"二字。他知道我在研究南洞庭的轩辕文化。他是学中医的，三句话不离本行。他说："益阳这个地名应该是黄帝所取，且来自《黄帝内经》的滋阴益阳"。他从阴阳角度去想，思路是对的，但解释并不准确。益阳位于南洞庭，上古时期可能是 4 份陆地6 份水。从阴阳角度而言，山静为阴，水动为阳。那么，南洞庭乃4 阴 6 阳之地，阳气稍微旺了一些。而轩辕精通阴阳之理，他无法调整江河与陆地的比例，但可以在地名上做文章，于是就把旺阳、盛阳的南洞庭取名为"益阳"。"益"字的主要解释是"有好处"，意思就是：这里的阳气虽旺，但它是有好处的阳气。中国地名的命取分为三类：一是描述自然景观的地名；二是记载人物事件的地名；三是反映人们意志愿望的地名。显然，"益阳"二字，轩辕是按照第三类的地名命取方法来取的。希望南洞庭这个鱼米之乡的阳气，对人类是有好处的阳气，故名"益阳"了。不过，在益阳还有一条叫益水的河流，很多人把它当作了资江的别名。其实不然，它是现在的志溪河。此河发源于宁乡铁芦村的益山，从船舶厂汇入资江。这益山、益水两个地名真是妙不可言，可能也是轩辕大帝从阴阳角度来取的。插述到此，言归正传。

由此可见，轩辕确定"端阳"这个节日的目的，既不是为了纪念哪个，也不是庆祝什么，而是发动群众打一场利用中草药为自己解除病厄、驱邪避煞的人民战争。这一习俗，最初是从南洞庭的益阳县开始的。所以，益阳县从古至今传承着一个大男细女，人人参与的最完整的端午节。

该县在五月初一那天，家家户户都要采挖菖蒲、艾杆、葛藤，并挂在大门两边，以这些中草药的芳香之气来震慑毒辣邪恶的入侵。从唯心角度而言，葛藤比喻为捆妖绳，菖蒲比喻为斩煞剑，艾杆比喻为打魔鞭。同时，还要用切成片的菖蒲、艾杆、葛藤、生姜、大蒜籽五种药物串起来围在小孩的颈上，达到防灾抗病的目的。

五月初三，各家各户又忙着采摘或购买气味芬芳的粽叶包裹羊角形粽子。这粽子非常神奇，煮熟了不用进冰箱，十天八天都不馊。而五月的其他熟食，一天都放不得。粽叶，实际上叫作箬叶，属禾本科。黄帝的元妃嫘祖在益阳创造斗笠时，就是用箬叶编造出来的。所以，唐代张志和的《渔歌子》中有"青箬笠，绿蓑衣"的诗句。不过，对箬叶的神奇功能：包粽子为什么不馊？这个问题，至今都无法解释。

到了初五，老老少少都要用菖蒲、艾叶或兰草熬出来的汁沐浴一番。吃饭时，喝的也是菖蒲酒（到后来，酒中还要添加雄黄、朱砂等避邪之物）。吃完饭，又要成群结队地到野外去游览玩耍，说是能游掉一年的凶数晦气。长辈们生怕小孩不懂其理，懒惰而不去游玩，就用金钱刺激，每人给些零钱让他们到外面去买吃的。益阳的小孩，一年之中只有端午这天才是最自由的，也可以说是"放闯牛"，任他们耍，任他们玩，就是玩得头发缝里滴水都要得。

所以，益阳自古至今有两句动员全民游玩的谚语，叫作："牛歇谷雨，马歇社（益阳人读 lǎ），人歇端阳去玩耍。"除此之外，初五这天还有采草药、躲端午、制凉茶、戴香包等一系列的活动。尤为怪异的是，到了五月十五日，该地又要组织龙船下水。他们把初五作为小端阳，十五为大端阳。而且，每次划船都不是单纯地为了竞渡去争什么输赢，更重要的是，要在江河之中来回进行演唱和展示。这样做的目的，可能是对小端阳除病震煞的一次补火，希望把危害人类的那些残渣余孽彻底清除。

虽然这一习俗从4700多年前的益阳县就开始了，但并非益阳县的专利，他在缓慢地向其他部落渗透，很多年后，成了华夏民族的一个非常重要的通用节日。不过，当时还没有产生文字，无任何记载。到了后世，谁都弄不清这些文化到底始于什么年代，源自哪里？而且，也没有人去做什么考究。但从春秋时期开始，就有了形形色色的文人和学者以偷天换日的手法把他安置在某个地域或某个人身上，所以，才出现了前面所讲的若干个端午和龙舟的源流之处。

而且，有的地方把挂在小孩颈上的药物，改成了香囊或彩色丝线。故此，后世东汉应劭的《风俗通义·佚文》说："午日，以五彩丝系臂，避鬼及兵，令人不病瘟，一名长命缕，一名辟兵绍"。[1] 据西汉学者戴德《大戴礼记解诂》记载："五月五日，蒿兰为沐浴。"[2] 南朝宗懔的《荆楚岁时记》说："五月五日，四民并踏百草，又有斗草之戏。"[3] 富察敦崇的《燕京岁时记》讲得更为清楚："每至端阳，自初一日起，取雄黄合酒洒之，用涂小儿领及鼻耳间，以避毒物。"[4]

从上述史志记载来看，真正的端午节也不是纪念日、庆贺日，而是利用中草药的佩戴、沐浴和悬挂来消除疾病、震慑邪祟的日子。但端午节源头之地的益阳为什么又把龙舟活动也纳入了端午节呢？这个问题就很好解释了。可能是端午节推行一段时间之后，

---

① 应劭. 风俗通义校注·佚文. 北京：中华书局，1981.

② 戴德. 大戴礼记解诂. 北京：中华书局，1983.

③ 宗懔. 荆楚岁时记. 湖南：岳麓书社，1986.

④ 富察敦崇. 燕京岁时记. 北京：北京古籍出版社，1981.

人们觉得五月五日天气炎热，单纯的到野外游玩没有什么兴趣，于是，游玩者自然就逐步减少了。轩辕为了提高端午节这天群众的游玩兴趣，尽量减少病痛凶灾，就把《咸池》之乐中的龙舟活动移植到了端午节这一天(《咸池》之乐的龙舟将在下文介绍)。有了龙舟活动的参与，端午节才变得更加有声有色，群众也更加喜闻乐见了。

五、龙舟活动的真实源头

本文的第二小节，已经介绍了端午的三大起源之说，而且，那三大起源把龙舟活动也强行拉了进去，将节日和龙舟活动二者不分先后地牵扯在了一起。说是某年的五月五日，由于某人的突然去世，社会上猛然间产生了端午节，又有了龙舟活动。把二者的性质和目的都赋予了纪念性的内容，尤其二者还巧合得如此之好，居然在同一天产生。对于这一理论，尽管盛行了两千多年，但笔者不敢苟同。当然，那几种龙舟活动的源头之说，无非也与端午节一样，说是为了纪念某某而产生的。其实，后世的文人学者们还忽视了距今三千年的西周初期《穆天子传》第五卷中就有"天子乘鸟舟、龙舟浮于大沼"①的记载。怎么会轮到屈原、伍子胥身上去呢？这个问题，本文就不再赘述了。

关于龙舟活动的起源，20世纪初，大学问家闻一多先生有过深入的研究，他在《端午考》里说过："龙舟竞渡应该是史前图腾社会的遗俗"。② 在中国几千年的史学领域里，闻一多先生是第一个把龙舟活动推到原始社会的学者。而无独有偶，21世纪学者的《南

---

① 穆天子传. 贵州：贵州人民出版社，1997.
② 闻一多. 端午考. 上海：上海开明书店，1948.

洞庭轩辕文化之初探》一文亦有记载："划船活动并非始于汉、晋，应该始于新石器晚期的南洞庭。而且应该与黄帝的《咸池》之乐有密切关系。当时可能以竹筏举行了划船竞渡。"今天，此文的论述也把龙舟活动推向了原始社会。

关于《咸池》一词，最初在《庄子·天运》篇中就有描述："帝张《咸池》之乐于洞庭之野，吾始闻之惧，复闻之怠，卒闻之而惑……"①后来，清代《广舆记·增辑》记载："黄帝登熊湘，作《咸池》，张乐于洞庭之野。"②

在没有道德、文字、衣服的洪荒之世，由野兽进化而来的原始人，从未受过文化的教育和熏陶，肯定难以领导和统一。面对这种状况，轩辕想到了以高雅、健康的文化活动——《咸池》之乐，来感召、陶冶先民的情操，培养他们团结一致、奋发图强的美德。汉代《风俗通义校注》对《咸池》一类声乐功能的评价更是不同凡响："击石拊石，百兽率舞，鸟兽且犹感应，而况于人乎？况于鬼神乎？夫乐者，圣人所以动天地，感鬼神，按万民，成性类者也。"③这《咸池》可能是轩辕在益阳县龙光桥立都，举行开国庆典时的一项重大文化活动。

不过，此乐到底是一种什么形式？是歌，是舞，还是曲呢？为什么有那么大的感染力。这些问题，从来没有人去研究，甚至连那些音乐、曲艺、戏剧大师都不知道我们民族最初就有《咸池》之乐的存在。照理说，《咸池》是我们民族所有文化活动的源头。

根据《咸池》的字意来分析：咸，即皆的意思；池，乃水塘或湖

---

① 庄子·天运. 上海：上海古籍出版社，2009.

② 蔡方炳. 广舆记增辑·湖广省·长沙府. 嘉庆七年.

③ 应劭. 风俗通义校注·声音. 北京：中华书局，1981

泊,肯定是个人人都能参与的群众性水上活动。这个水上活动,可能就是龙舟竞渡。而且,竞渡地址应该就在 1983 年挖掘出了大、中、小三把不同石斧的益阳县笔架山乡新兴村。当时还没有船只,可能是以竹筏举行的竞赛。如果这一分析合理,那么,在离笔架山新兴村只有数里之远的兰溪还有这个活动的传承载体,即声名远播的兰溪双桡龙舟和兰溪山歌(这两个文化均已载入了省级非遗名录)。

谁都见过龙舟,但可能没有见益阳县兰溪的龙舟。准确地说,他们有四大特点。一是船长人多,每条船上有水手 130 人左右;船长 30 米,而宽度只有 1.6 米。二是为了壮观,船上有三种桡板,第一种,是水手坐在船头,180 度甩动桡板,只做样子不下水的甩桡;第二种,是像木棍一样又长又窄的站桡,水手都是站着划船;第三种,是又短又宽,水手坐着划船的坐桡。三是为了展示和赛歌,船上配备有花旦、小丑和唢呐锣鼓的演奏队。四是为了造势和鼓舞士气,每条船上都有若干支声震十里的三眼铳。关于这些特点,被选入了《中国辞赋奇葩》的《龙舟赋》中亦有描述:"……舟长十丈,桡列三重……甩桡闪闪开河道,唢呐声声上太清。站桡倒竖兮,爽心乐奏龙船曲;桶鼓频捶兮,助势炮惊水底宫。船头彩旦,舞扇挥绢歌小调;舱面闪篙;摇枝摆叶弄清风……九舟共竞,廿铳齐鸣。硝烟腾玉阙,火舌舔江心……"

有学者分析,兰溪龙舟的站桡可能来自黄帝的《咸池》之乐。因为那时只有竹排,而竹排浮出水面只有几厘米,不可能坐着划,自然要站着划船了。而且,当时肯定没有桡板,只能以又长又窄的木棍、竹板划船。所以,兰溪至今还保留了这种独特的划船方法和划船桡板。

2015 年,湖南省级非遗项目书的《兰溪双桡龙舟·相关作品》

中记载了该地流传已久的八首龙船歌，其中两首是："洞庭湖畔好划船，港多水静映蓝天。《咸池》一乐开圣教，陶冶子孙育后贤。""自古龙舟黄帝兴，寻根就在《咸池》中。多少年来谁识得？只有兰溪久传承。"①这两首歌词岂不非常直白地把兰溪和华夏龙舟的来源及《咸池》的作用都唱出来了吗？

可见，龙舟活动的源头来自新石器晚期益阳县的兰溪，应该不会有错了。至于为什么成了端午节的活动，则与轩辕去桃江崆峒村找广成子问道有关，本文的第四小节已有论述。

六、结束语

通过以上论述，沉没在历史深渊的两朵民俗文化奇葩，基本上有了正确的解读。4700多年前，由轩辕大帝在益阳亲自确定、创导的端午节和龙舟活动在积淀了2000多年的纷繁复杂的学说后才正本清源、真相大白了。从春秋时期伍子胥开始，各地因地域观念自行设计的一系列端午节和龙舟活动的源流之说，在诸多事实面前，已不攻自破了。

所以，2015年，笔者利用自己几十年来研究南洞庭轩辕文化的科研成果——把产生于新石器晚期的兰溪山歌和双桡龙舟分别制作了两份申报省级非物质文化遗产的项目书。经省里评委专家们的严格审查，2016年6月3日，兰溪镇两个省级非遗项目同时获得了批准。

---

① 湖南省级非遗项目书. 兰溪双桡龙舟·相关作品. 2015.

第二部分

民间传说

天子坟的惊天奥秘

莫晓阳

一、记载人物事件的地名是重大历史文化符号

地名是社会的产物，也是一种社会文化现象。它作为表述某个地域的文化符号，其中积淀了丰富的历史文化内容。在地名的类别中又分描述自然景观的地名，记载人物事件的地名和反映人们意志愿望的地名等等。

在湖南省益阳县（即赫山区）龙光桥镇就有一个非常怪异的记载人物事件的地名，叫作"天子坟"。而且，该地名是个行政区划的村级称谓，该村下面还有一个天子坟组。上古时期才称天子（即皇帝）和坟，到了远古，就称皇帝和陵了。而且，在天子坟周边的灰山港镇、松木塘镇和安化田庄乡分别又有天子坡和两个天子山村，资阳区长春镇也有一座"天子桥"，尤其桃花江镇崆峒村还有一座国王山和王后坡。这几个与天子文化相应配套的地名，可能始于史前时期，与天子坟里的墓主有着密切关系。当然，也由此可见，这天子坟不是偶然的，也不是孤立的了！那么，这坟墓里到底埋的是哪一位上古天子呢？

赫山区龙岭工业园天子坟社区的办公楼

    笔者从1986年开始，经历了跨越30多年的艰苦探索和无数次的走访调查才揭开了这个沉没在历史深渊无人知晓的奥秘。原来这个名不见经传的荒丘之下，掩埋的是我们中华民族的初祖——轩辕大帝。

二、轩辕选择在赫山开创帝业

    相传，在4700多年的新石器晚期，人类还没有出现文字、衣服和道德法律，部落与部落之间互相侵伐掠夺，在食物极端匮乏的情况下，强大部落甚至将弱小部落的原始人煮食充饥。正因如此黑暗恐怖，所以，人类的数量始终像自然界的低等动物一样发展不起来。

    约前2717年，一位叫作轩辕的神奇人物诞生了。他生下来只

上古时期的龙光桥还原。当时，全国人类生存的天堂在南洞庭，而南洞庭的天堂在益阳县龙光桥。

两个月就能说话走路，15岁就继承了中原一带有熊部落的部落长。他上任后，立志要消灭侵伐掠夺，建立一个人人平等"无为而治"的大同世界。从16岁开始，他就大兴正义之师征讨暴君，从西方打到北方，从北方打到东方，征程近10万里，连当时最残忍强大的东夷族首领蚩尤也被他赶得四处奔逃，被迫在湖南新化、安化和湘西一带发展。

　　10多年后，轩辕已基本上剿除了其他地区的势力，就领兵南下，并选择在当时农耕最发达的南洞庭益阳县建立了准备长期征战的根据地。后来，他又联合了炎帝的子孙榆罔共同围剿蚩尤。蚩尤抵挡不住，又率兵返回老巢——涿鹿。轩辕紧追不舍，也挥师北上，最后，在涿鹿将蚩尤斩杀。谁知，那榆罔利令智昏，要与轩辕以长江为界划分南北。轩辕自然不会允许，双方又兵刃相见，三战于阪泉之野。结果，榆罔连连败退，只得俯首称臣。

五方平定之后，轩辕结束了 21 年的漫长征战。接着，他就率领部众仍旧回到了南洞庭，在益阳县龙光桥大会天下诸侯（部落长

安化县田庄乡，天子山村的领导班子合影

或酋长），建立了中华民族史上第一个文明王朝。诸侯们对轩辕的雄才大略佩服得五体投地，无不认为他是上天派到人间的骄子，所以，都尊他为"天子"，中国的天子二字就是这样产生的。其实，史前的三皇五帝中只有他统一了天下，建立了文明王朝，只有他能够称"天子"，就连伏羲、神农都没有人称他们为天子。那一年，轩辕已有 37 岁，并从该年起，中国开始有了第一个甲子和自己的纪元。今年戊戌，已是第 79 个甲子欠 25 年，即中元 4715 年。

轩辕走遍了华夏东西南北中五方，其之所以没有按照后世史学家们的心愿去"邑于涿鹿之阿"，却选择在益阳县开创帝业，有

以下四大因素的关系：①益阳县与妄图分裂的株洲榆罔近在咫尺，一有风吹草动，随时可以镇压；②南洞庭雨水充足、物产丰富，有得天独厚的农耕优势；③当时的东、西、北三方与南方比较，要落后几个世纪，但南方思想混乱，必须就近引导和教化；④益阳县的赫山，是轩辕祖先赫胥氏的产生、发祥之地（这个问题，轩辕在南洞庭建立根据地时，就有所了解），自己有必要去认祖归宗，扎根赫山。

后来的事实证明，轩辕在益阳县开基创业是绝对英明正确的抉择。他利用当地土质、气温、水源、物产等多种独特的自然资源开创了种植、养殖和捕捞三大支柱性产业，结束了原始人靠采摘野果、追捕猎物的游牧生活，拉开了中华民族农耕文明的序幕，而且，还就近震慑了早有异心、几次蠢蠢欲动，想与自己分庭抗礼的榆罔。

反过来说，如果轩辕没有邑于南洞庭的龙光桥，那么，我们国家就不是现在这个状况了。且不说南、北之间的长期混战，至少炎帝开创的农耕不能得到及时推广和发展，社会肯定会落后上千年。

尤其在龙光桥周边，现在还有羊舞岭、猪婆塘、早禾村、牛头岭、黄谷堤等一系列与种植和养殖有关的乡镇级和村级地名。这也说明了轩辕在此立都之后，极大地发展了中华民族最早的种、养产业，把华夏正式推向了农耕文明时期。

三、轩辕在研制水车过程中逝世

传说中轩辕是中国历史上寿数最高的君主，他活了118岁。但他在开创王朝30多年后，就把自己的帝位传给了长子玄嚣，即少昊，字青阳，名挚，号金天氏，准确地说，是传给了五帝中的第一

新石器晚期，益阳县龙光桥连片的茅草屋皇宫

位领袖。轩辕自己是三皇中的第三位。对于轩辕卸任后的晚年，从春秋战国开始，就有不少学者编造故事，说他到处寻仙问道、采石炼丹等，这简直匪夷所思！一位举世无双的人文初祖会像秦始皇一样为了个人的长生不老去干那些荒唐事吗？他在做什么？在专心致志地研究创造有利于人类生存发展的各种生产生活工具。他与元妃嫘祖及大臣中的伯余、赤将、宁封、仓颉、隶首等智囊人物经常聚集，共同商讨，在益阳创造出了一间一间连续发展的木缝子房屋、稻谷脱壳的浅穴碓（益阳人读提）臼、推（益阳人读梯）子、苎麻衣服、麻线渔网、独轮车子、蓑衣斗笠、雨伞、草鞋，等等。为中华民族向文明社会的跨越做出了巨大而不可磨灭的贡献！

在发明创造期间，由于轩辕的寿数最高，几个心腹大臣包括嫘祖都一个个相继离世。在他生命的最后几年里，他与四妃嫫母、孙子高阳（昌意之子，即五帝中的第二位帝君颛顼）接触频繁。

本来，轩辕与母亲和元妃嫘祖经常住在鸾凤山，自从母亲和元妃去世后，他就没有去鸾凤山了，而是与四妃嫫母住在龙光桥的皇宫里。说是皇宫，只是名称好听，在那种洪荒年代，还不如现在的村部。无非是几十栋盖茅草的木缝子平房而已。他母亲和嫘祖都安葬在离皇宫西南两三里远的天子坟村天子坟组。当然，这可能是安葬了黄帝之后的称谓。至于之前叫什么地名，已无法考证。不过，轩辕对自己的后事也与儿孙和妃子有过明确的交代："等我归天之后，要与自己的母亲附宝和元妃嫘祖葬在一起。但丧事不得有半点奢华，一切从简办理，等等"。

桃江县灰山港镇，天子坡村的村会所在地

一天晚上，轩辕的住处灯火通明，他又召集了孙儿高阳和几个大臣到自己的堂屋里研究一种水稻的抗旱工具。因为，南洞庭普遍种植的都是水稻，而且还把水稻推广到了全国。但水稻顾名思义，经常需要水的滋润，遇上十天半月的太阳，就只能眼睁睁地看着禾苗干死。其实，南洞庭不像北方一样干旱，河湖港汊纵横交错，田头地角毗邻的都是水，但一直没有办法把水引到田里去。轩辕想了几十年，也没有想出个对策来。

近几日，不知是上天赋予了新的灵感还是什么缘故，他突然想到了水车的原理，用圆盘上转动的齿轮，带动刮水的叶片把水从低处强行拉到高处浇灌田中的庄稼，他还在麻布上画出了水车及组成部件的图形。大家看了他的图纸，顿时恍然大悟，认为这一发明确实能够解决田土焦枯的旱情。

接着，大家又进一步讨论这个生产工具的制作事宜。轩辕是木匠的祖师，他谈起来更是得心应手。但在谈话过程中，只见他的嘴唇抽搐了几下，大手无意识地一挥，坐立的身子突然向椅背上躺了下去，双目顿时失色呆滞无光。众人一见大惊，立即上前施救，并把他抬到厢房的床铺上，紧张地呼喊着："天子，天子……"但轩辕气息微微，不能言语。嫫母知道事态不妙，立即吩咐大家分头去禀报少昊及文武大臣。

不一会，整个皇宫灯明火亮。不过，当时人类社会最初的所谓皇宫十分寒酸，朝中的全部官员可能只有百把人。因为轩辕推行的国策是"无为而治"。所谓无为，就是官方对老百姓不要有征兵、派税、调工等强制性伤害行为，让老百姓自己去治理自己。所以，朝廷的官员就少得可怜了。老老少少在少昊的带领下心急火燎地赶到轩辕的住处，都想与天子会一会活口。谁知跑进厢房一看，轩辕已停止了呼吸。

这位东征西讨叱咤风云、最早统一华夏部落的天子就这样无声无息地离开了人世，他为民族缔造了大量的文化基石，开创了人类社会的最早文明。然而，谁也不会想到，在他生命的最后一刻居然还在为他的子民呕心沥血地讨论创造对抗自然的生产工具。这种生命不息奉献不止的伟大精神，是永远鞭策其子孙的动力！

蚩尤在涿鹿被轩辕斩杀之后的一百多年，其部落的子孙又兴旺起来，经常在益阳周边烧杀抢劫

众人一见轩辕去世，顿时感到天崩地裂，齐刷刷地就地而跪，号啕大哭起来。少昊和昌意跪在床前，无比伤痛地抚摸着父亲的遗体，声嘶力竭地哀号："我的咯（益阳方言读 guò 或 guō）爷（益阳方言读 yā）呃，天子啊……"四妃嫫母则坐在床上轩辕遗体的身边，两手毫无轻重地捶打着自己的胸口，呼天抢地哭得泪人儿似的。

这样一直持续到子时，少昊才猛然想起与四娘和几个大臣商定父亲的后事：一是谨遵天子生前所嘱，不向全国发丧，只通知龙光桥周边的部落；二是次日申时下榻(这是益阳举办丧事的一项重要程序，把死者身上的衣服全部脱掉进行抹尸，然后换上专给死者穿的黑色衣帽，接着，将遗体抬到地上的席子上搁置，谓之下榻)；三是在家停枢九天，这段时期由孝家子孙及巫师守灵祭拜；四是凡是参与悼念的士民，一律披麻戴孝；五是安葬在元妃嫘祖左侧，但不合拱；六是陪葬玉器、陶器、石器各十件；七是棺材用楠木、梓木、桂木三种木料混合制作。丧葬事宜商定之后，除了守灵人员之外，其他人都含悲噙泪地各自回家休息去了。

四、轩辕葬地被称为天子坟

第二天，所有治丧人员头上都系着一块两尺宽、五尺长的白色麻布垂在背后，个个都是泪眼婆娑、悲痛欲绝，在灵堂内外来来往往地各司其职，都是奔上跑下忙个不停。

谁知，第六天刚近午时，挖金井(即墓穴)的人群里突然爆发出一片惊呼之声。原来，墓穴中挖出一条头上生角、嘴下垂须、两三尺长的黄龙。众人一见，惊得目瞪口呆，但有经验的老者知道，这是万古难逢的祥瑞，叫大家跪地朝拜。霎时，祥云骤至，那黄龙扭动了几下尾巴，呼啸一声，冲天而起，在三四丈高的空中来回翻腾。瞬息之间，龙身变得比澡盆还要粗大。接着黄龙在整个皇都——龙光桥上空，转了三圈，随着祥云升天去了。

但 2000 多年后的司马迁把此事变成了活生生的轩辕"骑龙升天"的记载。甚至还说得活灵活现，说是"黄帝采首山之铜，铸鼎于荆山。鼎成，有龙垂须下迎，帝骑龙升天，群臣后宫从者七十余人。"谁都知道，青铜的冶炼技术到了商代才有。那时，轩辕靠什么

桃江县松木塘镇，天子山村的两会成员。

铸鼎呢？其实，黄龙是治丧人员给轩辕挖墓穴时挖出来的。而且是轩辕去世六天后才出现的黄龙，轩辕早已躺在冰凉阴森的棺材里了，怎么还能"骑龙升天"呢？至于太史公的正确与否，我们姑且不论，因为，他与轩辕年代相距2500多年，记的也是一些修改了的民间传说，就让读者自己去想吧！

不过，到了后世，人们为什么把帝王比喻为龙、帝王穿的衣服也绣上飞龙、衣服又是以杏黄作底色、当国君还叫作黄袍加身，等等。这一系列帝王文化的出处，也许都来自这龙光桥的天子坟了。但这都是题外之话，现在，我们还是言归正传。

直到第九天，辰时刚过，几个主持丧事的巫术大师就敞开喉咙高声大喊："各位亲友注意，马上就要开棺会亲了，请大家从东边依序入场。"所谓开棺会亲，是将棺盖向后推开一两尺，能看到死者的头部面目。因为，死者入殓后，棺盖只留了一点点缝隙，根本看不到死者的脸面。只有在出殡之前，亲友们都到齐了，才能开棺让亲友会见死者最后一面。

在龙光桥天子坟墓地，丧夫们挖出一条两三尺长的小黄龙。黄龙扭动尾巴冲天而起。瞬息之间，龙身变得比澡盆还要粗大。接着黄龙在整个皇都——龙光桥上空，转了三圈，随着祥云升天去了。

在会亲过程中，大家都排着长长的纵队鱼贯而入。所有人只要走近棺材见到躺着的轩辕，自然就悲痛不已、热泪横流。尤其是嫘母、少昊、昌意等近亲、近臣，一想起轩辕往日的恩德更是哀切满怀，或使劲地拍打着棺盖，或捶胸顿足，或手抠棺边，发狂地哭喊着："天子呀，天子!"灵堂内外惨惨凄凄，哭得天昏地暗、日月无光、江河啜泣、草木含悲。

会亲一结束，已是午时了，巫术人员立即把棺盖合上，这道程序，益阳人称其为"封梓口"。梓口一封，巫师就斩杀雄鸡，祭拜天地神灵。接着，巫师拿起令堂木将棺盖一拍："诸煞回避，亡者起驾!"金刚司(即丧夫)一听，也跟着发喊一声："起!"抬着棺材就走。

丧葬队伍的最前面是由孝子举着长幡引路。后面由鼓乐队(那时没有锣鼓)敲着各种大小不一的石头开道。金刚司的前后各有一条九把(即九个把子)的黄龙护卫棺木走在中间。中国民俗活动中的舞龙，最早始于轩辕在南洞庭龙光桥的开国庆典，那是轩辕和嫘祖用麻布共同创造出来的，轩辕丧事中的舞黄龙则是第二次出现。后世各地的舞龙习俗，全都来自益阳县(即现在的赫山区)。

　　大概半个时辰，队伍就到达了墓地(即嫘祖坟墓的左侧)，金刚司抬着棺材连续几声发喊，像牛旋栏一样转了三个圆圈，才把棺木安放在金井(即墓穴，但益阳人不称墓穴)里。子孙们则围着棺材密密麻麻地跪在地上，祈祷天子早登仙界，保佑儿孙。

上古时期，益阳县龙光桥天子坟。

　　这时，为首的巫师用木棍撬正了棺材坐北朝南的方向，接着，跳到棺盖上，提起装着大米的簸箕，口中一边喊着祝贺孝家吉祥的言辞，一边向周围跪着的孝子、孝孙抛撒发子、发孙的万年粮食。

撒完大米，即由金刚司挖土掩埋。因为取土就在坟边，一时间，抬的抬，挖的挖，很快就把坟墓堆得像小山一样。最后，丧夫们在附近的山坡上挖了两颗松树栽在坟前。

坟墓修好之后，大家又跪拜了一番，才伤心而又依依不舍地回皇宫去了。

一位开启了华夏文明，统一了分散、苦难的华夏部落，改造了原始人自私、粗野本性的天子，就这样毫无声息地躺在了一块4000多年都无人知晓的黄土之中。幸亏当时的朝廷和本地先民把轩辕大帝的墓葬之地定为了"天子坟"。

五、为避蚩尤子孙祸害，帝喾被迫迁都

在后来的几十年里，轩辕的两个继承者凭借地理优势一直稳定地在南洞庭发展，长期驻在龙光桥，他们根本没有像后世学者们说的那样，父亲在这里创造帝业，儿子又去另一个地方开辟王朝。倒是五帝中的第三位帝喾，名俊，号高辛氏，系少昊的孙子，确实离开了南方，具体原因将在下文述说。所以，这位民族祖先的身边又相继增加了排名在五帝之首的少昊和五帝之二的颛顼的墓葬。可见，龙光桥的这座坟墓里包括轩辕的母亲附宝，一共埋葬了我们祖先的四代人。一个如此珍贵稀缺的史前文化，居然被后世鄙视南方人的学者移花接木弄得面目全非，把黄帝陵都移到北方去了。

大概于4600年前的时候，分布在湘西、贵州一带的蚩尤子孙经过100多年的发展又逐步兴旺起来。他们多次侵扰、抢劫南洞庭周边地域。等到颛顼召集军队，他们又逃得无影无踪了。那时，国家养不起常备部队，到需要时，才临时征召。而颛顼没有其祖父轩辕一统天下的文韬武略，往往只得忍气吞声。直到他撒手人寰之

后，由伯父玄嚣（即少昊）之孙帝喾接位。帝喾知道南方确实比北方要先进得多，但蚩尤子孙祸害连绵，百越也时常骚扰，而祖上的雄风已经衰落，自己不想与这些南蛮纠缠。于是，他忍痛割爱选择了回避，被迫撤离了益阳，搬迁到河南去了。

为了躲避蚩尤子孙的侵扰，五帝中的第三位帝喾只好带着满朝文武和家属撤离益阳县龙光桥，迁往河南。

本来，在轩辕时期，北方人大量南移，当时全国的文化形成了南盛北衰的格局。100多年后，由于天子的搬迁，很多从北方迁徙过来的移民为了安稳，也跟着北上，自然把南洞庭的轩辕文化也带到了北方，这样，才逐步形成了后世的中原文化。而且，自从形成中原文化起，北方人开始称南方人为"南蛮"。

帝喾的朝廷搬走之后，蚩尤的子孙认为替祖宗报仇雪恨的时候到了。他们组织了大队人马开到南洞庭，对轩辕的创业之地——益阳县，进行了大规模残酷的血洗，把龙光桥的皇宫烧了个一干二净，把天子坟的葬品洗劫一空，把四代祖先的遗体烧成了灰烬，青秀山的祭坛被夷为平地，不少先民被无端杀戮……

一时间，曾经无限辉煌的益阳县，顿时变得血雨腥风、鬼哭神嚎了。所有先民吓得心惊肉跳，只得拖儿带女、扶老携幼到周边地区安家落户。100 多年后，才陆续返回益阳县重建家园。

黄帝的曾孙帝喾撤离益阳之后，蚩尤子孙为报杀祖之仇，对赫山(轩辕京都)一带进行了大规模的血洗。

关于益阳县的这次劫难，市文物局考古专家潘茂辉先生跟笔者讨论过："从出土文物的考古角度发现，益阳县在公元前 4400 年至 4600 年的这段时间，出现了一桩令人无法理解的怪事：有近 200 年人类历史的空白。"不过，他不知道这个怪事的原因。其实，笔者上面讲述的，就是近 200 年空白的原因了。

写到这里，天子坟的奥秘已披露无遗，应该说可以停笔了。然而，想到有不少读者会要向笔者发问：龙光桥有如此重大文化遗迹，怎么不见有皇宫遗址呢？这个问题，大家要用历史的眼光去看。那时候人类还处于原始社会，一无砖瓦，二无金属，所谓皇宫，无非就是竹木结构加盖稻草的房屋。竹木的交接处还是用绳索捆绑的，还没有凿眼锯榫，二三十年后，又要拆下来重新捆绑，这种建筑不可能留下什么遗迹。莫说是那种年代，就是到了商、周，已有金属砖瓦了，我们又找到了几处遗址呢？至于其他器具，经过了蚩尤子孙的多次血洗，自然也是荡然无存了。

当然，最重要的是，我们可以拿此地名与赫山区的历史文化、出土文物以及方言、习俗糅合起来，进行系统的梳理和分析，就会发现所有文化都与天子坟中的天子身份有着血肉相连的关系。

南洞庭麻祖的传说

莫晓阳

一、苎麻是南洞庭的神奇之物

有人认为人类最初出现的衣服是丝织品，这是一个非常低级的错误。只要略有头脑的人都会想到，人类在没有文字，没有衣服的洪荒年代，最迫切需要的是什么？是御寒！而丝织品的特点是光滑凉爽，根本就不能御寒，那是后期社会出现的豪华型的奢侈品。丝织品的制作从栽桑到养蚕、缫丝、纺织的周期很长，程序复杂，产品又少，最多只能供 1/10 的人群穿戴，到了宋代都还是"遍身罗绮者，不是养蚕人"的状况。《唐六典》中也只有"厥赋麻苎"的记载，根本就没有提到丝制品。

传说新石器晚期，西王母知道南洞庭有王者之气，但见凡间人长年遭受严寒之苦，连衣服都穿不上，实在太可怜了，而且，也不雅观，她就抓了几把苎麻种子撒在南洞庭。谁知这东西像野草一样生命力极强，繁殖也快，湖边、陆地无处不生长。南洞庭的先民见它柔软、暖和又耐用，就把它的皮剥下来编织成四五尺长、两三尺宽的麻布披在身上，前面披一块，后面披一块，腰部用绳子捆

西王母知道南洞庭有王者之气，但人们不穿衣服很不雅观，尤其还要
遭受严寒之苦。于是，她带着几个随身仙女，向南洞庭抛撒苎麻种
籽，所以唯独南洞庭盛产苎麻。

住，人们称之为"麻披"。显然，这比那些靠兽皮或树皮树叶遮身
的地区又先进了一步。

后来，轩辕黄帝征伐天下，追剿蚩尤来到了南洞庭。他走遍了
全国各地，发现南洞庭有得天独厚的农耕优势，且不说稻米、鸡
鸭，仅凭菱藕、鱼虾就够吃的了，与北方朝不保夕的游牧生活相
比，简直有云泥之别。所以，他选择在南洞庭的益阳县（即赫山
区）扎根创业，建立"无为而治"的文明王朝。没有像司马迁心里想
的那样去"邑于涿鹿之阿"。

轩辕来到益阳之后，为了工作方便和多与先民接触，修建了三
个地方居住：一个是赫山区的龙光桥；一个是鸾凤山；一个是青秀
山。其元妃嫘祖带着玄嚣、昌意两个儿子则长期住在鸾凤山。

二、嫘祖用苎麻编织麻衣麻裤

当时，嫘祖虽然已有30多岁，但仍然是柳眉凤眼，粉面桃腮，长长的辫发乌黑光亮，樱桃小嘴红润生辉。她本来是现在的四川盐亭县西陵人氏，与轩辕成婚后生了玄嚣(即少昊)和昌意(即颛顼之父)两个儿子。轩辕为追剿盘踞在湖南新化大熊山的蚩尤(东夷族首领)而率兵南征，嫘祖也跟着南下。她一到南洞庭就看上了这里的农耕优势，一望无边的河湖港汊全是沼泽之地，良好的气温，土质最适合稻、粱、菽的生长，连普通百姓家里都是大米饭加鱼虾餐餐管饱，她不愿离开这个地方了。后来，蚩尤又向北方逃窜，轩辕接着统兵紧追不舍，而嫘祖却留在南洞庭。轩辕最终在涿鹿斩杀蚩尤之后，才重新回到南洞庭与嫘祖会合，共同开创文明王朝。

南洞庭的原始先民凭着得天独厚的地理优势，最早进入文明时期，他们穿着嫘祖创造的苎麻服装，在一起生活劳动。

嫘祖是个心灵手巧的女子，她对南洞庭的苎麻特别喜爱。经过无数次的试验，终于用手工编织出了像现代毛线衣一样有袖子、裤管的麻衣、麻裤。这一伟大创造彻底改变了原始人长期遭受冰雪严寒的痛苦状况。正好苎麻的产量又高，同一蔸苎麻，每年能剥三次，不愁没有原材料。嫘祖就招集各地女子举办手工编织衣服的培训班。

不过，尽管南洞庭的野生苎麻多如牛毛，而且，每年不用播种就能收获三次，产量又高，但各部落需要也就有些供不应求了。其他部落虽然也有别的麻类品种，但那些品种的透气性和撒湿性以及拉力比苎麻要差得远，而且，还不好用手工编织衣服。所以，轩辕和嫘祖就号召南洞庭的先民大量实行人工栽培。同时，还发动周边地区进行移植来缓解供需矛盾。

嫘祖还亲自带头在自己的屋前屋后栽种了好几大片苎麻。说起这苎麻，真的有点神奇。它不像高粱、玉米年年要栽，它属于多年生宿根性草本韧皮纤维植物。栽种一次，可多年收益，繁殖能力又出奇的旺盛，从栽培到收获的周期只有六七十天。而且每隔六七十天还能继续收获两次。正是由于这一高产多收的特点，苎麻的需求矛盾很快就得到了缓解。

三、群策群力创造了简单的纺织机

有了原材料之后，嫘祖就与轩辕王朝的伯余、曹胡和于则等能工巧匠共同研究苎麻深加工的问题。结果，想到的办法是，将一片片的苎麻用指甲剖成麻纱。然后，把麻纱的头尾与另一根麻纱通过拇指和食指搓捻连接起来，再把若干米长的麻纱分成间纱（即横纱）和树纱（即直纱），也就是后来人们所称的经纱和纬纱。而益阳人却从古至今都没有改口，一直称之为间纱和树纱。嫘祖和能工巧匠们的思路确实很好，而且还涉及了织布的基本原理，但当时还没有织布机。于是，嫘祖就奏请轩辕，要他一起参与研制纺织工具。

在轩辕的直接指导下，连续制作了七八台工具都没有成功，不是这里有问题，就是那里不如意。最后，嫘祖在原有的基础上重新画图设计。设计完善之后，再由轩辕选择工匠又做了一架。嫘祖上机一试，各个部件的运转都基本符合了要求，尤其间纱和树纱的绞织均匀而紧密。就这样，华夏史上的第一台粗糙的小型织布工具在赫山区诞生了。接着，轩辕就招集能工巧匠大量制造，只有年把时间，就生产了200多台。轩辕把工具全部分派给有妇女的家庭，并由嫘祖对从事织布的妇女进行统一培训。培训之后，才各自回到家里正式成为纺织女工。可能这就是中华民族农耕文明时期"男耕女织"的起源。

纺织工具解决之后，200多台工具每天能生产2000米麻布。而两千米麻布能做千把套衣服，产量确实可观。但新的问题又出来了，麻纱供不应求。其实，在纺织过程中难度最大的是麻纱的供应。因为麻纱的生产不能用工具，只能靠手工一根一根地去连接，哪怕到了20世纪60年代都是如此。准确地说，这道程序完全是细米子工夫，要有很大的耐心才能做好。所以我们祖先把那些不好办的和难度大的工作用"麻烦"二字来形容，原因就在这里。

为此，轩辕只好发动凡是有妇女的家庭都要利用空余时间绩麻，尤其那些不能从事体力劳动的婆婆、妈妈更应该全身投入。当然，付出的手工劳动也是有报酬的，绩下的麻即可以自己织布，也可以拿到市场上去进行交易，换取其他物资。

南洞庭的家庭妇女，长期都是靠绩麻来解决全家人的穿戴问题。当然，多余的也可以拿到市场上去卖或换取其他物资。这就是几千年来中华民族自给自足农耕文化的发祥之地。

四、轩辕开启了"垂衣而治"

当时，妇女们绩的麻都是用圆形盘子装的，旁边还有一个专门用于挂麻的十字架，麻纱的头尾接好之后，顺手以圆形旋放在盘子里。后来，社会进步了，就改用直径尺把宽，尺把高的麻桶。年轻妇女除白天在田间和园里劳作之外，晚上也要绩麻到深夜。这种绩麻的习惯以及麻桶和十字架的使用器具，益阳人一直沿袭到20世纪70年代。而且，益阳人几乎家家都有这种绩麻器具。

不过，麻桶里的麻纱不管多长都只有一个头尾，如果把头尾搅乱了，那就成了最头痛、最不好处理的事情了。于是，益阳人就以"扯麻纱"和"乱成一窠（益阳要读 kō）麻"等语言来表示其难度之

南洞庭的家庭妇女用六角纺轮将绩好了的麻纱绕成一支一支的圆圈，再去上机纺织。

大。有些同志肯定不理解，上述语言全国都通用了，怎么能说是益阳的呢？因为，轩辕在世及去世之后，大部分地区也逐步移植了南洞庭的苎麻，所以，这些语言早就在全国通用了。但其最初发源于益阳，这是绝对不会错的！

有了苎麻制品的衣服之后，这才是后人常说的"黄帝垂衣而治"了。当然，南洞庭的先民也正式进入了暖衣饱食的年代。吃的是靠种植稻谷、高粱、黄豆，养殖是靠鸡、鸭、猪、牛，等等。居住也是固定的，与当时北方的采摘野果及追捕猎物的游牧生活比较，可能要先进几个世纪。正是由于生活的初步稳定，轩辕制定的伦理规则和倡导的感恩文化才能在每一个家庭得以顺利实施。

益阳人对待父母和其他长辈不光在生前都十分孝敬，死了之后，还要郑重其事地举办丧事，儿女子孙要头系麻布垂在背后。同时，还要跪在遗体或灵位前沉痛地哀悼祭奠，这就是后人所称的披麻戴孝。而有的人硬要说人类最初出现的衣服是丝制品。真是荒唐可笑，既然是丝制品，为什么没有披丝戴孝之说呢？

五、益阳的纺织缝纫和木匠自古尊轩辕为祖师

苎麻布料除了制作衣服、鞋袜、冠冕之外，嫘祖还别出心裁地用麻布（益阳人称生布）做成了生布蚊帐。根据这一发明，后世才有了棉布蚊帐、丝罗蚊帐和棉间麻树（即棉纱为经，麻纱为纬）的蚊帐等。而益阳人始终只喜爱生布蚊帐。这也是女方出嫁的必备之物，即使再穷再苦的女子，讨米都要讨一铺生布蚊帐出嫁。如此重视的原因有三：①认为生布蚊帐是黄帝和嫘祖在益阳创造出来的生活用品，子孙必须代代相传使用；②生布蚊帐最初是黄帝和嫘祖夫妻二人共帐之物，意味着夫妻关系和睦及繁衍后代昌盛；③认为苎麻是西王母所赐，布是嫘祖发明，应是神奇之物，有消灾辟邪的功能。

所以，孕妇生产时，如果遇上难产，益阳人最怕有生产鬼（即死亡产妇的阴魂）和其他妖孽从中作怪，要用捕鱼的麻制品手网子从床顶开始将床铺围住，连床底都要兜得严严实实。有的还安排血气方刚的男子，身上披一块麻布，举着燃烧的麻秆在屋前屋后驱逐鬼怪，口里还念着："黄帝嫘祖显威灵，驱除鬼怪保子民"的祈祷。这一习俗，一直传承到20世纪的50年代。

在资江沿河20里长的益阳老城，自古就有九宫十八庙。而其中的一所是轩辕庙，此届供奉祭祀的是黄帝与其元妃嫘祖和轩辕王朝的部分官员，益阳的男女老少无不虔诚朝拜。尤其是种麻、纺织和缝纫、木匠等行业的人士，一直以黄帝和嫘祖为本行业的祖

轩辕大帝在南洞庭创造了简单的纺织机后，发动妇女利用当地盛产的苎麻，大量纺织麻布，正式结束了人类长期靠树皮树叶和兽皮遮身的历史。也就是历代人们常说的轩辕时期的"垂衣而治"。

师。因为，他们的祖先不光亲眼看见了最初衣服及房屋的创造者，而且还亲受其教，学会了建造屋宇、种植苎麻、纺织布匹和缝纫衣服的技术。所以，后人才为祖师立庙供奉香火，以示纪念。甚至不少人干脆称嫘祖为"麻祖"。有的种植农户还请人雕塑一尊嫘祖之像摆在家里，经常装香换水、早晚参拜。就连益阳人办丧事唱的《孝歌子》，其中也有"神农播五谷，黄帝制衣巾"的唱词。遗憾的是轩辕庙早已拆毁，但《孝歌子》的唱词至今还在流传。

不过，这唱词表述的内容还有待修改，因为中华民族最早在南洞庭出现的衣服，虽然与黄帝有密切关系，但贡献最大的应该是嫘祖。而唱词把功劳全部归给了黄帝一个人，这有些不公正。

解说兰溪

莫晓阳

一、兰溪把南洞庭边缘分成了三大块

在益阳市资江尾闾的南岸，从龟台山龙洲书院(后为益阳市二中)下首 200 米处又派生出了一条流向东南的支流，但河口近年已填成了团洲市场。这条支流成半圆形环绕千家洲半圈之后，在羊角小河口地段(沙头镇对面)又与资江汇合。因为，这条支流在 1/2 的拱出部位又突然向东北发展，所以，才能与资江形成汇合之势。但新中国成立后，小河口也被堵塞了。不过，在那半圆的拱出部位还是延续了像漏斗一样向东南而下的支流。这条支流流经蛇夹湖、张家塘等地，汇入湘江，全长大概六十公里。但在延续的最初部位，形成了一个三岔河口，把资江南岸宽阔的南洞庭冲积平原分割成了三大块，也就是三个湖洲：北面是千家洲；西南是天成垸；东北面积最大，有十八垸，鄢家垸等数十个垸子。

三个湖洲的形成，当然是大自然的造化。不过，湖洲露出水面也并非常态，有时，受资江上游和洞庭湖西水的合力冲击而倒堤溃垸，湖洲上的先民只能到周边陆地安家，或者成为水上渔民。堤垸倒溃之后，有时几百年甚至上千年不修也不奇怪。像千家洲，很多人认为是明代洪武年间才开始挽垸的，其实不然。2001 年，千家洲三亩土村大堤之外的河洲上就挖掘出了商代的铜铙，而且，该铙是全国出土的为数不多的珍贵文物。可见，资江下游南岸的三个湖洲在商代和商代以前，就有先民挽修过堤垸，但数百年淹没在洪水之中也是一种常态。

这条支流虽然不像那些大江大河宽深，却也还像模像样，堤埂高度二三十米，堤面宽四五米，长年累月总有半河清澈的流水，上古时期名曰"玉堂江"。后来，把它改成了兰溪。当然，兰字很好理解，也许是因为这一带盛产兰草或兰花，自然要以兰字命名了。但这"溪"字实在令人费解，因为，在人们的观念中应该是山区峡谷中沟壑之类的低洼流水处才称之为"溪"。"溪"的特点是时涨时落，经常枯竭。而兰溪是洞庭湖冲积平原，连山的影子都没有，河中又有长年稳定的流水，堤岸又是那样的高大，明明是一条江河，怎么会被先民们改成为"溪"呢？

经过多年的探究，我才知道，这里面深藏着一个鲜为人知的故事。

二、枫林桥边住着一对隔河相望的姑表兄妹

盛传早在商汤时期，这里盛产兰草，但地名的兰字与物产毫无关系，而是在兰溪河延续部位开口处的东西两岸住着一对隔河相望的男女青年，女的叫兰花，男的叫溪鹤。这里离史前时期黄帝作《咸池》张乐于洞庭之野的笔架山新兴村只有五六公里。《咸池》中划龙船、唱山歌的习俗早被这里的先民继承了。因为，新兴村成了一片开阔的稻田，已无法开展上述活动。这对男女青年自然也不

例外，也学会了划龙船、唱山歌的本领。不管是唱也好，还是划也好，二人都是当地的领军人物。

兰溪枫林桥东岸，是上古时期的交易市场。兰花把半篮子鲜鱼摆在地上叫卖。

不知从什么年代开始，先民们为了交通便利，在三岔河口的延续处搭建了一座简易木桥作为连接东西两岸的纽带。桥东的湖洲上除了盛产兰草之外，还有一大片茂密的枫林。据说，上古期，轩辕大帝就把此桥称为枫林桥了。桥下的河中设置了4个井字形木墩，桥面由5块用几根圆木捆绑的跳板铺设而成。桥东、桥西的左右两边还用土堆筑起了4个赛歌台。因为，兰溪人从新石器晚期的轩辕大帝开始就喜欢在这三岔河口的湖洲上对唱山歌，所以，修桥的同时，把赛歌台也建好了。有人说，这桥最早的创建者，是在益阳开创文明王朝的轩辕大帝，并还振振有词讲得有根有叶。不过，木桥受风吹雨打容易腐朽坍塌，甚至被洪水冲垮。有时，随倒随修，有时，无人出面，几十年、几百年不修也是常事。三岔河口的北面虽然没有桥梁连接千家洲，但两岸都有竹排（当时，船还没有出现），方便先民渡河。

兰花姓李，年方二九，长得明眸皓齿，粉面桃腮，窈窕身段配着两条长长的发辫犹如天仙一般。她住在桥东的河岸边，全家共四口人，父母和一个弟弟。那时，人烟稀少，湖洲上的土地较多，他们一家就在住房的周围种了几亩高粱和黄豆。除了种植之外，兰花还经常帮父亲划竹排到河里撒网捕鱼，一家人的生活基本上能自给自足。有时候，捕的鱼多，就提一些到桥东的台地上去以物换物，或者换几个最初南方用贝壳做的可以流通的货币。所以后来大多与钱有关的汉字，像"账、货、贷、贸"等，都加了个贝字，原来这就是造字时的依据。

在兰溪枫林桥东岸的湖洲上，兰花正在晒渔网。当时的枫林桥还是木桥。

桥东的台地自然成了千家洲、天成垸、十八垸三个湖洲的集贸市场。兰花就住在这市场旁边，来去都很方便，有时，把鱼交易之后，就坐在河边的歌台上亮开嗓门，唱几首山歌。她的声音清脆柔润而又甜蜜，三个湖洲边上的先民无不侧耳静听，有的甚至放下手中的活计，专门听她唱歌。

那个溪鹤姓余，也是20多岁年纪，风华正茂，且生得眉清目秀、儒雅高挑，尤其身强体壮，力大惊人。他住在桥西天成垸湖洲靠东北的河边上，家里没有兄弟姐妹，就他一根独苗。其实，他们并非祖居兰溪。他的父亲是涿鹿人，那里缺少江河湖泊，种植农作物只能靠老天吃饭。老天不下雨，就没有收成。而且，也没有湖区平原的莲藕、鱼虾作补充食物，生活十分艰难。他祖父听人说，南洞庭是华夏大地的天堂，甘肃的轩辕黄帝都是选择在那里扎根创业等等。祖父一听，有如此好的地方，便带着妻子和一双儿女南下，七弯八拐地来到了兰溪安家落户。

几年之后，祖父祖母相继去世。那兰花的母亲就是溪鹤的姑母，他与兰花完全是姑表兄妹。他们的长辈来到兰溪后，早被当地独特的民俗风情和劳动、生活习惯同化了。晚辈更成了地地道道的兰溪人，连习性都与兰溪人一模一样。因为，他们深深地懂得，自己已经生活在人文初祖轩辕开创的中华民族最早、最完美的文明诞生之地，与老家涿鹿比较起来，这里不知要先进多少个世纪。

溪鹤的父母在垸内开垦了几亩稻田，还养了几十只鸭子。平时，鸭子经常在兰溪河边觅食，溪鹤就驾着小竹排跟在后面看管。站在竹排上，他有时以竹篙当站桡，做划龙船的动作，口中还一边大喊："哦——喂，划——咚"；有时，又哼唱兰溪山歌。独特的文化已把他陶冶成了典型的兰溪人，并成了这一文化的真实继承者和传播者！

这一天，兰花吃过早饭，暖融融的太阳照射着湖洲大地。兰花像往常一样，照例把早晨收回的渔网一条条地拉开，晾晒在柳树下的竹竿上。

青年溪鹤驾着一个小竹排，沿着兰溪河岸跟在一群家养的湖鸭子后面。

晒开之后，她又坐在凳子上开始补网，将扯断了网线的网目重新补好。她一边补，一边唱起了兰溪山歌：

哎——

太阳一出照四方，

湖洲大地暖洋洋。

游春小妹河边等，

望穿双眼待情郎。

这时，看管鸭子的溪鹤正好驾着小竹排从枫林桥下经过。兰花刚一唱完，他就接过了话题：

> 哎——
> 三月正是春耕忙，
> 播种豆菽插早秋。
> 哥说我的妹呀！
> 老少都无空闲日，
> 要会情郎到端阳。

其实，兰溪山歌中的"情郎、情妹"的称呼，并非后人所理解的婚外情的企盼或对象，而是正常合法的思恋关系。

这个场景，无异于后世西周时期《诗经·国风》里"关关雎鸠，在河之洲。窈窕淑女，君子好逑"的真实写照。难怪有学者认为《诗经》里的民歌与兰溪山歌基本上趋于一致。甚至有人说《诗经》里的民歌就是由兰溪山歌改编出来的之乎者也的文雅版本，流行在社会上的兰溪山歌是通俗版本。看来，这些认识并非空穴来风，确有一定的理论依据。不过，那是学术上的事，姑且不论，我们还是言归正传。

兰花抬头一看，见是溪鹤在河中的竹排上看鸭子，连忙问道："表哥，我好些日子没有去看望舅父舅母了，他们还好吗？"

溪鹤一边用竹篙撑着小排，一边回答："好哩，好哩！"

二人又简单地交流了几句。溪鹤担心鸭子乱跑，就道了声"再见"，划着竹排走了。

三、划龙船是这里最大的民俗活动

转眼就是端午节了。这里的先民完全继承了轩辕文化的传统，把五月初五看成是全年最邪恶、最毒辣的日子。早在五月初一，家家户户大门的门楣上就牵绕了葛马藤，两边的门框分别挂上了菖蒲、艾叶。先民们把葛马藤当作捆妖绳，把菖蒲当作斩妖剑，把艾叶当作打妖鞭，以此来镇煞避邪。有小孩的人家，还要将菖蒲蔸上横长的那根大拇指粗的圆形根切成半厘米长一节，再用针线把切好的菖蒲根一节节串起来，其中还要穿5粒大蒜籽，5片黄姜，5节艾杆夹杂在其中。然后，系成一个圆圈挂在小孩的脖子上；从初一戴起，一直戴到五月结束。初五的早餐都是以粽子代替平日的米饭。上午，所有人都只梳妆打扮和办吃喝，什么事都不做。

吃午饭时，全家人都要喝上一杯雄黄酒，作为去毒避邪之物，匡扶正气，小孩子的额头中间还要用雄黄酒点上三点或画个王字。吃完饭，老老少少还要用菖蒲、艾叶熬出来的汁沐浴一番。接着，家长们给每个孩子发几枚贝币，让他们看龙船时买零食吃。因为，兰溪从轩辕大帝倡导龙舟活动开始，就形成了一个不成文的习俗。端午那天，大堤上游人如织，摆摊设点的商贩也见缝插针，摆上各种时令食物。诸如仙桃、枇杷、油坨、发糕等等，应有尽有。三个湖洲上的小孩们一年之中能尽情玩耍和自由购买零食的日子，就只有端午节这一天，用益阳话说，就是"放闯牛"！小孩子们像"散兵游勇"，一伙一伙地蹦蹦跳跳出门了。剩下的"正规军"都是些大人，男男女女都穿着一新，成群结队地去河边上划龙船或看龙船。即使不划龙船也不看龙船，也不能做其他事，都要到外面去游玩，游掉一身的邪气、晦气。所以，益阳从史前的轩辕时期就开始流传了两句最为经典的谚语，叫作："牛歇谷雨，马歇社（音喇 Lǎ），人歇端阳去玩耍。"也有人说是："人不歇端阳遭人骂。"反正意思差不多，都是叫人们安心休息。

因为我们的人文初祖——轩辕大帝，精通天文地理和五行之术。他知道五月初五这个日子恶煞当道，五毒并出，对人类有极大的危害性，才把它定为了"端午节"。"端"为开头的意思，"午"是按照一年之中从正月寅月开始，顺轮至五月，正好配上了地支的午字。而午乃阳气旺盛之季，故又称之为"端阳"。轩辕之所以在端阳这天开创了划龙船的民俗，就是要以此去吸引人们举办活动或观看活动，从而达到驱赶邪恶、趋吉避凶的目的。

"锵——咚咚，锵——"还未到午时，枫林桥北面的河道里就响起了兰溪龙舟独特的打击音乐。接着，又传来了吹奏《龙船曲》的唢呐声。已有十多条龙船（其实都是竹排）在河面上来回游荡追逐了。每条船上都有 11 个人，其中一个舵手，一个锣鼓手、一个唢呐吹奏者和八个划站桡的水手。之所以只有站桡，是因为，竹排露出水面只有五六厘米，坐在上面不好划，水手的两只脚也不好摆放。自从汉代出现了船舶之后，兰溪才有了真正的龙船，而且，在站桡的基础上又增设了坐桡和三眼铳等展示用的相关器具。

到了汉晋时期，全国各地相继效法兰溪的龙舟活动，但为了简便快捷，都只学会了划坐桡。其他府县有了龙船之后，不少文人学士开口闭口就是龙舟文化了，尤其还高谈阔论，张冠李戴，居然把端午龙舟也说成是追悼屈原或伍子胥，这简直是一个天大的笑话！屈原、伍子胥充其量是个历史名人，根本谈不上什么文化，怎么能形成一个在全国铺开的大规模民俗活动呢？假如黄帝在天有灵，定会痛责我们这些炎黄子孙的荒谬。

大概午时尾刻，三个湖洲上的先民，一群群、一队队扶老携幼地来到了大堤上追着观看龙舟。男的都是戴着轩辕时期首创、只有益阳才有的细篾弧形斗笠；年轻小伙子则是手拿折扇、身着竹布衬衫、棉绸裤；女士们为遮挡骄阳的暴晒，绝大部分打着一把也是轩辕时期嫘祖首创的水红色或翠绿色"阳伞"。其实，端午这一天，不光是兰溪人看龙船的日子，也是青年男女们相识相会的最佳时刻。谁要是看中了哪个妹子，就向旁人打听，问清住址之后，过几天就会请媒婆上门提亲。以上这一系列优秀文化，并非无根之木，都是由轩辕在南洞庭开创帝业时沉淀下来的，而且，还一直流传到现在。

兰花家更是顺水楼台先得月。一家人早就吃过了午饭，父母还提了些当地四时八季应备的礼物到河西的舅舅家去送节，并邀他们到三岔河口来看龙船。兰花在附近摘了几把木槿叶(益阳人称之为懒夹柳)，揉出叶汁，将长长的头发洗了两遍。两条辫子变得更加油光放亮，柔软如丝。头上插着一只浅蓝色蝴蝶玉簪，收拾一番之后，她来到了桥东的赛歌台上。

两边的河岸已挤满了听歌、看船的人群。歌台上也站了几个男男女女的歌手。虽然歌手都是熟人，听众也绝大部分是追捧者，但兰花还是带着少女特有的羞态，向众人深深地施了一礼。接着，在众人的催促之下羞羞答答地启动朱唇，亮开了银铃般的嗓子：

> 南洞庭苎麻粗又长，
>
> 嫘祖用来造衣裳，
>
> 巧手又将渔网织，
>
> 农耕幸福胜天堂。

唱完最后一句，一条龙船向枫林桥飞速地划了过来。她定睛一看，站在左边划桡板的第一个就是她的表兄溪鹤。划到枫林桥边，龙舟立即减速，徐徐地划起了游船(即休养生气或唱《龙船歌》时的缓慢速度)。水手们随着慢节奏的锣鼓轻轻地划着桡板。接着，溪鹤润了润嗓子也开口唱起了《龙船歌》：

> 洞庭湖畔好划船，
>
> 港多水静映蓝天。
>
> 《咸池》张乐开圣教，
>
> 陶冶子孙育后贤。

岸上观众都知道溪鹤与兰花是姑表兄妹和恋爱关系，立即欢呼吆喝起来，有的吹口哨，有的鼓掌呐喊等等。而龙舟把头一转，又飞速离开了枫林桥。正在河中休息的几条龙船，见溪鹤他们出来了，连忙把头掉向东北，把锣鼓一紧示意竞渡，齐刷刷地朝小河口方向划去。其实，大家都不是在同一条起跑线上，溪鹤与最前头的船还相差三四十米。但溪鹤毫不计较，向伙伴们大喊一声："追"。于是，八九条船同时竞渡。好一派抢分夺秒，龙争虎斗的壮观场面！岸上的观众也不怠慢，撒腿就赶。唱山歌的兰花也夹在人群中奔走。

端午节，兰花站在枫林木桥东岸的赛歌台上，亮开嗓门唱山歌。溪鹤以竹排当龙船，划到了桥边听她唱歌。

那溪鹤的龙船确实不同凡响，还没到槐花堤，大概只有两公里路程，所有的船都被他甩到了身后，已是遥遥领先了。跑得满头大汗的兰花看到这一结果，心里喜滋滋的。那溪鹤的龙船突然把桡一举，示意胜负已分，停止比赛。其他的船也只好放慢了速度。休息片刻之后，大家又挥桡划向枫林桥。直到接近酉时，人们才依依不舍地各自回家。回家之后，三个湖洲上的群众无不津津乐道眉飞色舞地谈论着龙舟的比赛盛况及谁输谁赢的比赛结果，很长一段时间都沉浸在那种极为欢乐的氛围之中。

四、江南渔霸强抢民女

过了几天，兰花又提着个小篾篮，里面装着几斤还在活蹦乱跳的鲜鱼到桥东的交易市场去卖。那里已有10多个卖主按照先后顺序一字儿摆开了地摊；买进的顾客也有不少，都在来回走动，选择自己的所需之物。兰花在最尾处把自己的小篾篮摆上。市场里的人，有的互相寒暄，有的唠着家事，还有的讨价还价地谈开了交易，煞是热闹。

这时，一个满脸横肉的大汉来到了市场，身后还跟着两个随从。他是大名鼎鼎横行资江以南水域的江南渔霸刘双天，绰号"鬼见愁"。其实背地里人们都称他是伤天害理的"刘伤天"。其祖上曾是地方官员，家住龟台山西侧，长期争田霸产，为富不仁。"鬼见愁"40多岁年纪，一边走，一边用三角眼在市场里扫来扫去，像是要寻找什么目标。最后，在兰花面前站住了。他指着篾篮里的鲜鱼问道："姑娘，你们到河里捕鱼，是否经过了允许？"

兰花觉得很奇怪："这普天之下的江河都是天子的疆土，鱼又是自生自长，还要经谁的批准吗？"

"大胆刁民，竟敢质问我们老爷，该当何罪？"一个尖嘴随从喝道，"你叫兰花是吧？我们老爷是江南河湖港汉的水上之主，捕鱼卖鱼都要向他交纳赋税，明白吗？"

兰花轻轻地哼了一声："是的，我叫兰花。但我从小在湖区长大，还没有听说有这么个规矩呀？"

一个龅牙随从摇晃着脑袋，说："以前不知道，现在告诉你不迟吧！"

"难得讲这么多话，今天的鱼就给我们作赋税上交。"尖嘴随从说完，就去抢篮子。

兰花连忙拖住不放，二人争抢起来。

"慢！"龅牙随从做着制止的手势，走近兰花，说，"其实你们家捕鱼完全可免税。"

"怎样免？"兰花急着问。

满脸横肉的"鬼见愁"用色眯眯的眼睛，贪婪地盯着兰花，说："本老爷家住龟台山，家大业大，已有八房姨太，久慕你的花容月貌、清脆歌喉，意欲……"

兰花意识到了他要说什么，赶紧打断，说："启禀老爷，小女子早已许配他人了。"

"呵（ā），许配他人了？""鬼见愁"瞪着一双蛇蝎似的三角眼，恶狠狠地说道。

"嘿。"龅牙随从冷笑着，"我们老爷看上了的，许配谁都不行！"说完，就动手去拖兰花。

兰花使劲挣扎，并大喊："救命呀，救命呀！"

"住手！"听到呼救，周围的群众一齐拥了过来，并厉声质问："这青天白日强抢民女，还有没有王法？"

"嘿嘿。""鬼见愁"拍着胸口，狂妄已极，"王法？老子就是王法！"

"对！"尖嘴随从附和着，"大家赶快离开，不要多管闲事，免得

益阳县兰溪人划龙船，早在原始社会就已盛行了。当时，都是拿着长长的木棍站着划船，直到现在，兰溪人还继承了这种站桡。所以，全国就唯独兰溪龙舟有后世产生的坐桡，也有原始时期的站桡两种桡板。

惹火上身。"

"是的！各人自扫门前雪，休管他人瓦上霜。我刘双天要办的事，谁也阻挡不了。去吧去吧！"说完，刘双天还做着手势叫大家散开。

"不，今天这个闲事，我们管定了！"几个人同时怒不可遏地吼了起来，"兰花是我们三个湖洲的歌后，她的歌声给了我们精神上的享受，我们要坚定不移地保护她！"

另外一些人推开了"鬼见愁"的随从，把兰花抢了出来。

"鬼见愁"眼睁睁地看着貌若天仙的兰花又被众人救去，气得咬牙切齿，但知道寡不敌众，只好带着随从灰溜溜地走了。

兰花在众人的保护之下脱离了险境。她回到家里向父母哭诉着今天的遭遇。父母听后，更是大惊失色，不住地安慰她。然而，留在她心中的阴影却始终挥之不去。因为，自她出生以来，从未遇到过如此惊吓和欺负。尤其在华夏文明王朝的首创之地，那凶神恶煞般的"鬼见愁"仗着自己家业庞大，居然敢强抢民女，简直是丧心病狂的人间败类！不过，她一想到自己是丛林规则中的弱者，不免又暗自啜泣起来。她的啜泣好似梨花带雨，更增添了几分娇媚。

中午时分，溪鹤闻讯也心急火燎地赶到了兰花家。兰花一见更是伤心，哭得像泪人儿似的，倒弄得溪鹤不知所措。因为他们还是未婚夫妻，要谨守男女有别的道德训教，不能感情用事，过于亲近。哭过之后，兰花才抽抽噎噎地讲述事件的经过。溪鹤坐在兰花对面的椅子上，尽管平常是一幅文静儒雅的仪表，但听完兰花的讲述，已是脸色铁青，怒目圆睁了，一堂堂男子汉无法接受未婚妻遭人欺凌的事实。他霍地起身，用攥紧的拳头在桌子上猛地捶了一下，把桌上的茶杯都震得跳了起来："这个畜生！"说完，他从门背后抄起一根五六尺长的木棍，迅速往外走。兰花急忙上前拦住，问道："你要干什么？"

溪鹤怒气冲冲："找刘双天算账！"

"你这伢子真是吃了豹子胆啦！"兰花的父亲一把拖住了溪鹤，"刘伤天有权有势，你斗得过他吗？"

兰花的母亲抢过溪鹤手中的木棍，也在一旁劝道："对，你就忍着点吧！人在矮檐下，怎得不低头？"

溪鹤仍然怒满胸膛，但在长辈面前又不好强硬抗拒，只得痛苦地捶着自己的胸口。

兰花的父亲是个通情达理的人。他拉着溪鹤的手，说："你不必自责，这又不是你造成的。"顿了一下，接着又说："你回去早做准备，中秋之后就给你们完婚……"

谁知兰花撒娇地摇着父亲的手臂，噘着一张樱桃小嘴，嘟哝道："爹，你就这样不要女儿，急着把我掀出去呀?"

"傻孩子，这是为了免生是非，明白吗?"父亲给她解释。

兰花才嫣然一笑，回自己的房中去了。

五、兰溪二字即由此而来

三个湖洲上的先民，祖传就有过大端阳的习俗。这大端阳就是端午节后的第十天，即农历五月十五日。这一天照样要划船竞渡，只是在吃喝方面没有端午节那么丰盛了。至于为什么要设置大端阳? 可能是我们的人文初祖轩辕大帝认为，端午节还没有完全去掉邪恶之气，十天之后，再来一次活动，才能彻底清除吧! 当然，也有人说：十五这天划船，是划到资江河里去彰显兰溪龙舟的诸多特色。但不管是什么理由，兰溪人过两个端午早已成了传承祖风的定势。

为了大端阳的活动，三个湖洲上的先民于十四日就忙了一整天。晚上，都早早地熄灯入睡了。

大概刚交丑时，枫林桥的河中有三只竹排悄悄地划到了桥东。原来，这是龟台山的渔霸"鬼见愁"带着二三十个随从、打手特意来强抢兰花的。早几天，他们在集市上强抢没有得逞，一直闷闷不乐，想着那出水芙蓉似的娇艳姑娘，终日心猿意马，寝食难安。他怕事久多变，所以，就选择在十四日的深夜再来抢劫。白天，他还派人到此打探过，连兰花睡在哪个房间都了解得一清二楚。他们把竹排靠在桥边，上来 10 多个打手，神不知鬼不觉地包围了兰花家的屋子。接着，四个彪形大汉踹开了兰花家的大门，并径直冲进兰花的睡房，立即用绳索将她五花大绑。然后，背着就走。等兰花从睡梦中惊醒，分辨出是怎么回事时，她四肢都已动弹不得了。她只好大喊："救命啦，救命啦！"

江南恶霸"鬼见愁"为富不仁，长期欺压百姓，深夜带着打手，强行将兰花抢走。

她的父母听到响声，早就起床了，但房门被反扣上了。他们费了很大的力气才把房门砸开，但抢劫者已经离开了。他们一边在后面追赶，一边敞开嗓门，声嘶力竭地吼叫："强盗来啦，救命呀！"在凌晨宁静的湖洲上，这声音显得格外的悲怆惨切。远远近近的狗听到惊叫，也跟着狂吠起来。霎时，靠近枫林桥的三个河岸都点亮了灯火，不少先民还拿着防身棍棒跑到了河边。但兰花早就被放在了竹排上，打手们驾着竹排向西北的龟台山飞速前进。

住在桥西的溪鹤，听到呼救声，又看到沿河两岸的灯火，立刻警觉地意识到发生了什么事。他火速拿起一根七八米长的竹篙跑到河边，双脚轻轻一点，跳到了自己的竹排上。凭着月色，他看到了河中划向西北的三个竹排，还隐隐约约地听到了兰花的哭喊之声。他立时怒从心起、热血沸腾，恨不得腋生双翼，飞去援救。为了快速赶上前面的竹排，他要发挥自己撑篙的专长了。当然，深水之处篙子太短，只能划，但他对这条河道的深浅位置都了如指掌，他专走浅水处，用竹篙撑排，比画的速度至少要快一倍。加上他的臂力充足，两手握篙，犹如穿针引线般的轻巧，将篙子插到河底，再用全力一撑，竹排就飞速前进。眼看与前面竹排的距离越来越近了：100 丈，60 丈，30 丈，已经快要赶上了。这时，他的后面还隐隐约约赶来了两个竹排，前来协助，这使他更加有了底气。

"鬼见愁"的三个竹排成一字形摆开，齐头并进。他自己在中间的竹排坐镇，兰花也在这个竹排上。"鬼见愁"见后面追得急，连忙吩咐打手、随从们加速划排，并许诺回家后一个个都予以重赏。

这时，溪鹤的竹排只离前面的两三丈远了，他看准了兰花的位置，双手撑篙，两脚使劲一弹，身子顿时腾空而起，不偏不倚地落在前面中间的排上，他赶忙伸手拉住捆绑兰花的绳索，又用竹篙轻轻一点，像打秋千似的又回到了自己的竹排上，动作神速又巧妙，简直如同飞檐走壁的侠客！

"鬼见愁"被溪鹤高超的动作惊得目瞪口呆，等他回过神来，兰花已被救走了。他连忙命令左右两个竹排立即向溪鹤展开包围之势，挡住溪鹤的退路。果然，这一招很灵，溪鹤左冲右突都闯不过去，他希望后面的乡亲快来援救。兰花更是急得冷汗直冒，万一冲不过去，她要做视死如归的打算了，决不能落入畜生之手而遭受凌辱。

正在危难之际，忽然听得"呼啦"一声巨响，天空顿时亮堂起来。接着，异香扑鼻，鸾凤齐鸣，一朵五色祥云徐徐而降，只见西王母在众仙的簇拥之下站立云头，大声喊道："金童玉女听着，你们私自下凡，现已大难临头，还不趁机上天请罪，更待何时?"说完，她伸手一挥，抛下一朵耀眼红云，正好落在溪鹤的竹排之上。溪鹤和兰花听了西王母的宣诏，才明白自己是天上的金童玉女下凡。他们深知天命难违，只好对着父母家的方向行三跪九叩之礼，等待机会再去面谢养育之恩。然后，手牵着手踏上祥云，升天去了。但到半空，兰花又回过头来对"鬼见愁"喊道："刘双天，你为富不仁，欺压百姓，已是恶贯满盈，限你三日之内散发家财去济困扶贫，如若不然，我要取你的脑袋。"

兰花、溪鹤正在危难之际，突然听得西王母宣诏，要他们上天请罪。
于是，他们二人踏着西王母抛下的祥云，升天而去。

"鬼见愁"做梦都没有想到有如此劫难临头，吓得跪地求饶，磕头如捣葱，并一迭连声地说："仙姑所嘱，定将照办。"

所有在场之人，亲眼见到如此奇事，一个个都惊得张口结舌，说不出话来。当然，也算得上是大饱眼福了。

自从兰花、溪鹤归天之后，"鬼见愁"为了保他的项上人头不得不改邪归正，重新做人了。当地先民为了纪念这对金童玉女，就以他们名字的第一个字组合成"兰溪"，作为地域名称；又以"兰溪"二字作枫林桥左右河流的称谓。所以，几千年来，这条正儿八经的江河就被命名为"兰溪"了。

蓑衣斗笠的起源

莫晓阳

一、南洞庭暴雨频繁，影响农耕

相传在 4700 多年前的新石器晚期，南洞庭凭借土质和地理位置的各种独特优势，成了华夏大地农耕发达、完美的区域。那里的先民靠种植业、养殖业和捕捞业早就过上了衣食无忧的生活。所以，走遍了全国的轩辕一眼就看上了这块神奇的宝地。征伐南方时，他还在这里建立了准备长期征战的根据地。后来，盘踞在湖南新化县大熊山的蚩尤经湘西、贵州等地，仍旧向北方逃窜。轩辕只好又领兵追剿，最终在河北的涿鹿将蚩尤斩杀。

五方平定之后，轩辕并没有按照后世那些歧视南方的学者们的主观愿望，去邑于当时农耕落后的北方，而是仍旧回到了南洞庭，并在南洞庭大会天下诸侯（即部落长），开创了中华民族史上第一个"无为而治"的文明王朝。

虽然南洞庭的气温、水源等条件最适合农耕产业的发展，但也有一个令人头痛的问题很难解决。那里雨天多、太阳大，只要进入农忙时节，太阳就火辣辣的，晒得人们口干舌燥，浑身冒汗；而在瞬息之间，可能又雷鸣电闪、暴雨倾盆，把人淋得像落汤鸡。在这

在斗笠没有产生之前，南洞庭的原始先民在烈日的暴晒下，只好用荷叶遮着脑袋。

种情况下，先民往往是采摘荷叶倒扣在头上遮阳避雨，但这种方法效果不是很好。为此，带有季节性的农活经常被耽误，影响收成。而且，那时又无理发工具，男男女女都留着长发，经常冒汗或被雨水淋湿，最容易生虱子。一旦生虱，就奇痒难忍。显然，这是南洞庭先民一直无法破解的难题。

自从轩辕到了之后，这位君主非常重视民生。首先，他就利用南洞庭盛产的苎麻安排自己的元妃嫘祖创造出了麻布衣服，结束了人类长期靠树皮、树叶和兽皮遮身御寒的历史。接着，他又与嫘祖商议解决益阳人遭受暴晒雨淋的问题。

二、为避暴晒，嫘祖发明斗笠

有一天，烈日当空，嫘祖按当地人的习惯折了一柄荷叶，倒扣在自己头上遮挡烈日，起初像伞一样的罩着，确有荫凉之感，但太阳一晒，荷叶很快就蔫头耷脑地垂下来了，最后，还贴在了脸上，倒还热得气喘吁吁了。但由此，她受到了很大的启发，她想：只要不让荷叶耷拉下来，还是可以避免暴晒的，但怎样做才能使它不耷拉下来呢？

正在劳动的原始先民，因为没有雨具，经常被暴雨淋得像落汤鸡。很多农活被耽误，造成减产。

回到家里，她想了很多办法都不成功。最后，她想到了用里外两层竹篾制品强行将荷叶夹在中间的做法。首先，她找人做了一个比脸盆还要大的木质弧顶、圆形模具。然后，在模具上用竹篾编织带花眼的笠帽的外层。按照同样的方法，又编内层。接着，在内层之上铺四五张荷叶，再用外层盖住，周围也是用竹篾将里外两层绞织滚边，使其连成一体。为了戴在头上稳固，嫘祖又在笠帽的中间部位也用竹篾编了个脑袋大小的篾圈子，益阳人称之为望（wǎng）圈子，与内层连在一起。

由于这种笠帽大小如斗，故又称之为"斗笠"，也有人称"箬笠"。因为荷叶不耐用，只有几个月就腐烂了。10多年后，嫘祖又进行了改革，中间层不铺荷叶了，而是铺设包粽子的箬叶和棕毛。箬，系禾本科。叶片在成长植株上稍微下弯，长20~40厘米，宽4~10厘米，先端长尖，基部楔形。所以，唐代张志和的《渔歌子》中有"青箬笠，绿蓑衣，斜风细雨不须归"的诗句。西周《诗经·小雅·无羊》中亦有关于斗笠的描述：尔牧来思，何蓑何笠。

有了第一个成功的样品，轩辕就号召家家户户都学着编斗笠。当时，人人都迫切需要这一遮阳避雨的工具，学起来都很用心，通过互教互学，很快就传遍了整个南洞庭。后来，还发展到了南方的其他省市，不过，在造型方面稍有改变，有的山区和少数民族编成了尖顶或平顶形状，但其他结构始终没有改变。这一器具的使用一直沿袭到现在。

早些年，益阳人只要是出门，无论是在田间劳动也好，去走亲访友也罢，而且不管是天晴还是下雨，首先就要记着把斗笠戴上。可见，几千年来，戴斗笠是益阳人生产生活中不可缺少的必备之物。

螺祖发明了斗笠之后，就组织妇女专门编制，满足先民的需要。

三、螺祖用蓑草编织蓑衣

有了斗笠，太阳暴晒的问题算是解决了，但雨天怎么办呢？南方的雨水可不像北方，有时，一落雨就是十天半月，甚至更久。而很多农活都是有季节性的，必须不避风雨地完成才行，否则，就会因为过时而造成损失。像上半年秧苗的移植，就有两句不能误时的农谚，叫作"春插正好夏插迟，小满插田迟上迟"。意思就是早秧要在立夏之前插完，误了节气，肯定会要减产。

螺祖也想尽快解决这个雨衣的难题，但她搜索枯肠日思夜想地想了个把月，也没想出个子午卯酉来，心里不免有些郁闷。眼看已进入夏天的暴雨季节了，她看到了那些被雨水淋得浑身透湿的农民，她的爱民思想使她更加坐立不安了。于是，她吩咐几个随从带她去兰溪看看刚建成不久的木质枫林桥。

那时，还没有车辇。大家都骑着骏马，很快就到了兰溪。嫘祖在桥上来回走了几趟，然后，沿着兰溪河道向下游漫步。堤坡上长着很多兰花和杂草，其中有一种草非常特别，茎秆圆润细长，没有任何枝叶，茎就是它的枝叶了，茎长四五十厘米，蔸子有碗口那么大，茎秆长得比韭菜还要茂密，每蔸至少有六七十根。当时，还没有出现文字，连草的名称都不知道。嫘祖很好奇，弯腰扯了几根，捏在手上一拉，那草很有拉力，韧性也很强。

黄帝的元妃嫘祖带着妇女用蓑草(亦名水灯芯)编制蓑衣，解决雨衣的问题。

猛然间，嫘祖眼睛一亮，这种草圆润光滑，可以用来编制避雨的草衣呀！她立即安排随从专门寻这种草，割下来带回去。随从一听，都茫然不解地望着她，不知她要割这种草作什么用？但帝后的命令谁也不敢违抗，都只得到处寻找。直到下午申时，几个人大捆小捆地割了不少，才簇拥着嫘祖拍马回家去了。

4700多年前，嫘祖在赫山区创造的蓑衣斗笠成了
南方人民生活和工作中遮阳避雨的主要工具。

回到家里，嫘祖将草晒干之后，削了一根5尺长并有一定硬度的竹篾作为草衣上裙领口、肩膀和手臂的定型之物，1/2的部位为领口的中心。首先从领口开始，用棕毛搓成的线把草一束一束地挤紧扎在领口的竹篾上。领口的大小一般是四五寸左右。扎完领口，就沿着竹篾分别扎两肩和手臂。扎完之后，在第一层的下面，离定型竹篾4寸左右，又扎第二层和第三层，一般有三层就够了。这就是避雨草衣的上裙，上裙是扣在颈上的，宽度大概是 3 尺，长 2 尺。

接着，嫘祖又开始扎下裙。下裙也用了一根一尺八寸长的定型竹篾。编织方法也和扎上裙一样，把一束束的草扎在定型竹篾上，也是扎完第一层，离 4 寸远，扎第二层。不过，下裙是系在腰上遮挡臀部风雨的，有两层就够了。

其实，草衣有了上裙和下裙就完全可以避风雨了，但嫘祖为了提高草衣的避雨效果，作了两块下裙，另一块是系在胸前的。在制作上，只有上裙难度大一点，因为既要造型，又要防止漏雨。至于下裙，连小孩子都可以编制。

嫘祖把草衣编好之后，就送去给轩辕看。当时，正好风云突变，下起了倾盆大雨。轩辕看着嫘祖笑了笑，说："这是验收草衣的最好机会了。"说完，他就穿上草衣，戴上斗笠到雨中去转了两个圈子。再回到屋里把雨具脱掉，仔细一看，身上的衣服半点都未淋湿。轩辕十分高兴，竖起大拇指一迭连声地夸赞嫘祖："聪明，聪明……"

第二天，轩辕就将草衣挂在墙壁上，安排所有文武大臣用麻布照着草衣画出图形发到下面，动员各家各户照图制作。对于这样的好事，老百姓自然积极响应。但短短几个月的时间，这种草就被割得只剩下了蔸子。它又不像南洞庭的苎麻又长又大，一年可以收获三次，完全能够满足人类的需要，这种草的繁殖能力差，产量又少得可怜。显然，光靠这种草来做雨具是不行的。

四、为了经久耐用，改用棕毛编织蓑衣

通过反复观察和分析，嫘祖又想到了利用大路边棕树上的棕毛进行编制。她安排人手剥了两筐棕毛。在制作过程中，嫘祖发

现棕毛比那种草的拉力和韧性更强，而且，杆子又细，密度很大，根本不需要叠那么厚，只要有那种草的 1/3 的厚度就行了，制作的工时也可以缩减 1/2，而且使用寿命至少是 50 年，是那种草的 5 倍。

南洞庭的原始先民有了蓑衣、斗笠之后，能不避风雨地插秧播种，适时掌握生产环节，大大提高了劳动效益。这种雨具，一直流传到 20 世纪 80 年代。

嫘祖将棕衣编制出来后，轩辕又号召各地进行仿制，大概一年左右时间，家家户户都有了这种先进的雨具，人类的农业活动也正式进入了正常时期，再也不用担心因天气变化而拖延时日了。而且，这一器具使用了 4000 多年，直到 20 世纪 80 年代才被淘汰。

在后世创造文字时，人们为了纪念嫘祖在南洞庭的重大创造，就把避雨的草衣和棕衣定名为"蓑衣"，连那种草都称之为蓑草。其实，蓑草又名"龙须草"，系禾本科多年生草本植物，其药用价值也很高，能清热解毒，凉血散瘀。

就作用和意义而言，蓑衣、斗笠的出现，是人类早期抗拒自然的唯一手段，是发展生产的辅助工具，也是谱写华夏文明的最早篇章！

枫林桥轶事

莫晓阳

一、独坐桥头萌雅兴

春盛秋衰溪畔草，常坍屡建枫林桥。

夕阳犹钓争滩鲫，独坐青苔待晚涛。

20世纪40年代初期，一位桃江籍增塘人氏，姓莫，名桂生，三四十岁年纪，扛着一根三尺多长的水竹烟袋杆，常来枫林桥驻足观赏停靠在兰溪河街吊脚楼下的乌篷船及来来往往的打鱼划子。有一次，他雅兴大发，坐在桥中麻石砌成的栏杆上高声吟唱了这首七言绝句。接着，又用纸笔把诗写下，贴在桥头的麻石麒麟身上。这首诗，虽然不是名家大作，但也足见其功底深厚：一二句，以水边芳草的兴衰来突出枫林桥常坍屡建的艰难历史；三四句描述了兰溪恬静优美的自然风光和兰溪人超凡脱俗的高雅情趣。

确实，枫林桥经常坍塌屡次搭建给兰溪人民留下了不少奇闻趣事。

二、初搭浮桥

早在新石器晚期，轩辕大帝为了建立一个"无为而治"的和谐社会，开始征讨专门侵伐掠夺的蚩尤及各地残暴的部落长。经过20多年的漫长征剿之后，轩辕大帝又回到了他征战南方时建立过根据地的鱼米之乡——南洞庭益阳县（现为赫山区）。并在此大会天下部落长。

四海即已平定，轩辕就让自己从北方带来的随从和征伐途中招集收编的半农半武的军队解甲归田，发展生产。因当时人类还不具备抗旱能力，只能选择在水边的湖洲、沼泽等地从事种植业、养殖业和水上的捕捞业。这三大产业的创立，改变了原始社会先民们艰难困苦的游猎生活，人类才正式开始定居，进入真正的文明时期和农耕时期。

部属的安置，都是在兰溪（初名玉堂江）、资江、沅江等沿线靠水边的陆地上。近几十年，益阳市文物处在南洞庭发掘的新石器晚期的墓葬和遗址已有100多处。地理位置最好，物产又丰富的地方是资江下游南岸，但资江南岸却被兰溪河切成了南北相隔、东西相隔的三大块。尽管当时人口稀少，但轩辕的部属落户之后，兰溪沿线就增添了不少人气。尤其是三岔河口的土著先民与征战将士为伍，更加有了力量。土著先民的领头人大辰（那时，还没有姓氏）与新落户的领头人风向商议：为了交通方便，选择在东西相隔的河口处搭建一座简易浮桥。

当地先民听到这个搭浮桥的消息，根本不需要动员，都愿意出工出力，连河口北岸的千家洲也积极派人援助，而且，说干就干。第二天，大家都带着锋利的石斧（当时还是石器时代），在大辰、风

兰溪三岔河口，原始时期用浮桥作为沟通两岸的纽带。

向的带领下，到河东的湖洲上专门选择碗口粗的野生楠竹砍伐。那时，被开垦的土地少得可怜，稍微高点的地方都是竹木成林，低洼处也是芦苇丛生。这个地方的土质非常特别，只要露出了水面，什么植物都长，水里的鱼也肥得出奇。有人说，这三个湖洲上的土壤比黄金都要值钱得多。后来，经地质专家介绍：这里是四万年前，海底火山爆发形成的稍微露出水面的陆地，火山口就在江家坪，土质自然与其他地方不同。

砍伐竹木的队伍分成了两个组。一组由大辰带领，专门负责砍伐。大辰20多岁，长得牛高马大，身强体壮。虽然劳动工具都是清一色的石斧，但他们很有经验，先把楠竹底部周围砍上半厘米深，就能用手把竹子强行扳断。两天时间，他们就砍断了30多根楠竹、10多根准备做木桩用的杉树。

另一组由风向带领。风向是河北人，大概30多岁，面如赤枣，膀阔身肥。他曾跟随轩辕到南洞庭创立根据地时，也在兰溪一带开垦过土地，对这里的三大产业不光喜爱，而且，对每个时间节点的程序都很熟悉。他觉得这里与他们河北比较起来，简直有天壤之别。他这个组专门将砍倒的竹木去掉枝叶，断成 7 米长一根，然后，搬到准备搭桥的河边上。双方配合得非常默契，风向带领的组也在两天之内，一根不剩地将竹木运到了河边。看看天色已晚，两个组长吩咐收工，大家都带着各自的工具回家去了。

第四天，吃过早饭，架浮桥的义工们又陆续来到了河边，除了手拿石斧之外，肩上还搭着绳索或藤条。他们将楠竹 6 根一扎，3 根顺放，3 根倒放，面上摆一根大酒杯粗、米把宽的横木，再用绳索或藤条分别将楠竹捆绑在横木之下。每隔一步宽就缠一根横木，这样，既可以作竹子上的防滑踩脚用，又能把竹跳板扎得更加牢固。

其实，河面的宽度只有二十七八米，7 米长的竹跳板有 5 块连接起来就够了，但还是多扎了一块用于水中施工，打木桩。打木桩的目的是将浮桥牢牢地夹住，不让它左右摆动。至于两头的问题，用藤条和绳索绞在一起，把第一块和最后一块跳板吊在河岸的木桩上，这样，两头也就固定了。只等竹跳板扎完，大家就拖着下水，打桩的打桩，吊绳索的吊绳索，还未到晚餐时分，一座沟通兰溪东西两岸的浮桥就架好了。

有了浮桥，两岸群众的友情往来和物资交流以及与外地的联系就方便多了。然而，好景不长，几年之后，一场特大洪水突然袭击，把浮桥冲了个无影无踪，使当地群众的积极性受到了极大的伤害。于是，很少有人再提起修桥之事了。

三、改建木桥

当时，轩辕大帝虽然在赫山区建立了王朝，但并未贪求奢华享受，而是像普通百姓一样，居住和生活都十分俭朴。他一直居无定所，常在鸾凤山、青秀山和龙光桥三个地方驻跸，天天与百姓接触。当然，史前时期节俭的君主并非他一个，三皇五帝中的其他七位领袖都是如此。

文物部门在桥头刊立的碑刻。

不过，轩辕每次外出巡视，前面都走着三个举着用木棍捆绑的大中小三把石斧的侍卫，后面跟着五个随从。远远近近的先民看到那高举的三把石斧，就知道这是部落联盟的最高首领来了，自然要夹道欢迎。到了商代，这种举着的石斧演变成了青铜钺，侍卫和随从成了皇帝的仪仗队和侍卫队。

新石器晚期，轩辕大帝亲自设计，将兰溪三岔河口的浮桥改为四个井字桥墩的木桥。

1983 年，益阳县文物队在笔架山新兴村还发掘了成品字形摆放的大中小重量不同的三把石斧，大的有 3715 克，小的只有六七百克，斧口磨得油光放亮，经鉴定，从无使用过的痕迹，当时，被定为了国家一级文物。斧头上部两边都有 3 厘米宽的槽口。据资深学者分析，笔架山的石斧就是轩辕的所用之物。但对轩辕常用的前三后五，这两个数字的玄机至今都没有人研究出来。

有一次，轩辕大帝特意到兰溪来视察。轩辕被簇拥着走到了河西的岸边，发现浮桥不见了，觉得很奇怪，因为，他经常到兰溪来，还在浮桥上走过多次。于是，问身后的大辰和风向："这河中为何不见浮桥？"

风向连忙上前，弓身答道："启禀天子，两个月前浮桥被洪水冲毁。"

轩辕轻轻地"嗯"了一声，上前两步，抬头扫视着东岸的湖洲。他40多岁的年纪，身着南洞庭特有的苎麻服饰，脚穿益阳人手编的丝茅草鞋，头戴前后垂珠托天冠，身材魁伟，气宇轩昂，两条浓眉衬着一双闪光犀利的大眼，天庭宽阔，鼻梁高耸，双手齐膝，两耳垂肩，真不失为神圣帝君之像。轩辕扫视一番之后，沉思了片刻，不无坚定地说："浮桥易毁，不如架设桥梁！"

大辰两眼望着水面，又侧身转向轩辕，说："下首的河道窄得多，是否架到下首去呢？"

"不，就在此处。这是三岔河口的最佳位置。"轩辕肯定地说，"你们人手不够，我明天派人带图纸前来协助，15天完成行不行？"

"行！我们保证不辱使命！"风向拍着胸脯，很有把握地说。

轩辕微微一笑，他知道风向精明能干："那我就等你们的好消息了。"

接着，轩辕又顺着河堤向东南走了一段，然后，回龙光桥去了。

第二天，轩辕果然派来了20个年轻力壮的小伙子前来协助兰溪架桥，并带了一张画在麻布上的施工图纸。加上当地先民，共计40多人，一支不大不小的桥梁施工队就这样组成了。大家都集中在三岔河口东岸的台地上，听候大辰和风向的调遣。

大辰和风向根据轩辕所画的图纸初步计算了一下：这样宽的河道，水中要设立四个井字形桥墩；桥面的两边还要安装扶手，加上五块圆木桥板，可能需要100多根中等型木材，而且，必须是杉木。这个工作不是很简单的。他们二人商量了一下，除了留五人在东岸搭建临时工棚和负责伙食外，两位头领把其余人员分成两组。一人带一组，就近寻找高地上的树林，分头砍伐杉木，中午到工棚里就餐。晚上各自回家。如此，连续干了六天，估计材料差不多了，就停止砍伐，将木材去掉枝叶全部运到了东岸的河边上。

到了第七天，就开始制作井字形桥墩和铺设桥面的桥板以及两边的扶手。在没有铁斧、铁锯、铁凿的年代，制作这些设施，全凭石斧，其难度之大，可想而知。又经过了6天不辞劳苦的奋战，终于把桥墩、桥板和扶手这三样东西全部在岸上做好了。

大家都弯着手指数着，已是第13天了，所有工作都已就绪，只准备架桥了。大辰是本地湖区人，非常熟悉水性，他就带头组织了8个同样熟悉水性的人下水竖立桥墩。同时，水面还有四个竹排协助。竹排上的人踩在另一个人的肩膀上专门用石头捶打井字形的四只墩脚，使之插入河泥的硬土层里。桥墩一固定，马上就搭桥板。但这道工序，岸上和水里的人都帮不上忙，只能靠竹排上的人，顶的顶，掮的掮，把桥板一块块地搁在两头的桥墩或另一端的河岸上。

桥板搁完之后，就只剩下最后一道工序——做两边的扶手了。而扶手的长宽高矮早在岸上就制作好了的，像窗户一样，一扇一扇的搬到桥上安装就行了。眼看工作已接近尾声，施工队员们的积极性更高了，工地上热火朝天。一时间，搬的搬，安的安，敲敲打打，很快就竣工了。住在两岸附近的先民无不欢欣鼓舞，都成群结队地跑到木桥上来欣赏，并不住地咂舌称赞。

这时，西岸湖洲的大路上来了一队击石拊石（相当于现在敲锣打鼓）的庆贺人群，走在前面的三个虎背熊腰的大力士分别高举着捆绑在木棍上的三把大中小不同石斧。先民一看阵势，就知道这是轩辕大帝的仪仗队。原来，今天早上，大辰就派人向轩辕禀报了桥梁即将竣工的消息，所以，轩辕就及时赶来察看和庆祝。于是，两位建桥的领头人立即安排众人到西岸列队恭迎轩辕。

轩辕走上木桥，踏着桥面，用手扳了扳两边的扶手，觉得很牢固，马上露出满脸笑容，说："不错，这桥修得很结实！两岸的交通从此就方便了。"

风向听到轩辕的肯定，心里自然美滋滋的。他跨出几步，向轩辕奏道："现在木桥已提前竣工，敬请天子给大桥命名。"

轩辕没有马上回答，轻轻地踱了几步，再一抬头，猛然看见了桥东湖洲上的大片枫林，于是，不紧不慢地答道："就叫枫林桥吧！"

"好！"众人一听，立时欢呼起来。

"这名字很好听！"大辰和风向异口同声地说。接着，又转向后面喊道："乐队，奏乐呀！"

击石拊石的乐队听到吩咐，马上拿起各种不同类型、大小不一的石头，很有节奏地敲打起来。侧耳一听，好像是一种常用曲调。在场的群众有一部分也跟着边舞边唱地跳了起来。那种欢乐喜庆的情景和神态，简直不亚于现代的大型歌舞。难怪汉代《风俗通义》对黄帝《咸池》张乐于洞庭之野的介绍那样细致传神："……击石拊石，百兽率舞，鸟兽且犹感应，而况于人乎，况于鬼神乎？夫乐者，圣人所以动天地，感鬼神，按万民，成性类者也。"确实，在那种洪荒之世，没有文字、道德、法律的年代，唯一能感民化物的是健康向上、充满正能量的音乐、歌舞和划龙船的活动。也正因如此，黄帝才被后人尊为了中华民族史上的人文初祖。

轩辕站在桥上看着欢乐的人群及四周开阔的沃野，心里也是百感交集：自己当时是北方穷乡僻壤的酋长，为了消灭侵伐掠夺，建立一个无为而治的和谐社会，16 岁就开始领兵追剿残暴的部落长，在腥风血雨里征战了 20 多年，其中几次差点命丧九泉，最终化险为夷，平定了天下。其实，早几年，他追赶蚩尤到湖南的大熊山时，就曾在南洞庭建立过根据地。后来，统兵北伐，逐鹿中原，斩杀了暴君之后，又回到了南洞庭。当然，也幸亏上天赐给他一个富得流油的南洞庭来发展三大产业，他才能得心应手地开创了中华民族史上第一个文明……

轩辕还沉浸在对往事的回顾之中，一个随从上前奏道："桥梁的验收命名已毕，请天子回宫。"

轩辕看了看天色，说："好！"

众人毕恭毕敬地送走轩辕之后，又回到桥头狂欢起来，男女老少一个个都兴高采烈、又唱又跳；尤其是几个小孩，可能是第一次看见这样的桥梁，更是欢喜得不可言表，他们从桥东到桥西不停地奔跑追赶，一直到太阳西下。

兰溪正式建桥之后，也并非一劳永逸，木桥受风吹雨打，容易腐朽坍塌，加上常遭洪水冲击，所以，修了塌，塌了修，成为一种历史循环的常态。而且，如果无人出面，几十年，几百年不修也不为奇。估计历史上修建的次数不少于 20 次，过程都是大同小异，不再赘述。单讲最后一次大理石拱桥的修建情况。

四、拟建石拱桥

嘉庆初年，益阳县府就号召各地广修桥梁，为地方造福。兰溪街上的几大商号和三个湖洲上的豪绅根本不像现在的暴发户那样冷酷、贪婪、悭吝和肆意挥霍，他们对自己的生活、排场把握得非常紧细俭朴，但对公益和慈善事业的支持十分慷慨豪爽。看到县府的通告后，他们互相邀请，主动到兰溪镇上的茂源绸缎铺商议：

要积极响应县府号召，在三岔河口扩建枫林桥。参加议事的名门贵族有 30 多人，有的主张拆掉破烂的小木桥，重建一座新木桥。而倡主袁光明认为木桥寿命太短，而且，车马不好通过，既然要兴师动众，那就搞大动作，修一座千秋万载的大理石拱桥，给兰溪的子孙们留一个宏伟业绩。

嘉庆年间，由两岸地方绅士捐资修建的大理石拱桥

这袁光明，已过古稀之年，却红光满面，鹤发童颜，家住枫林桥北面的兰洲村，既有良田，又有铺面，一生最喜积德行善和公益事业，这次修桥就是他的倡主。

虽然这个设想很好，但大理石要去长沙丁字湾购买，施工时间至少要八个月，包括工资、石材、架木等费用会超出 5000 两纹银。那时的纹银是个什么概念哩？一个县太爷的年薪都只有 50 两银子，一个六口之家，有二两纹银就可以维持一年的生活。于是，有不少人持反对意见。而另一派，只主张搞大动作，修木桥干脆不同意。双方互不相让，争得面红耳赤，连续讨论了三次都没有统一的结论。

到第四次讨论时，力主修石拱桥的袁、汤、孙、李、陈、赵、冷、邓八大家族的头面人物先前就商量好了，只等再次开会时，二话不说，积极带头表态捐款。倡主袁光明首先就独捐纹银1000两，其他七人每人捐200两，并一边写捐款簿，一边交钱，当场兑现。那些反对的人也不好再发声了，只得跟着50两、60两地捐。最后一统计，总共是3900多两，资金虽然还有一定的缺口，但问题不是很大了，再去就近的乡村广泛动员，定能如数解决。

兰溪枫林桥旁边的赛歌台

　　另外一个以石匠掌作师（即现在的总工程师）身份参加议事的王师傅说："我虽没有款捐，但我可以捐工，修桥期间的工资，我分文不要，而且，我四个徒弟参与修桥，也只要给他们付一半工资就行了。"

　　这王师傅家住槐花堤，距兰溪只有四五里远，50多岁，妻子早已亡故，身边只有一个女儿，就嫁在对岸的千家洲。他13岁就跟随天成垸的师傅学习石匠手艺，三年出师后，仍然在师傅身边作帮工。10多年前，师傅已经仙游，他才自立门户，在外揽活，并收了四个徒弟。平时没有做事，就在女儿家食宿。

　　会议主持人陈英士听王师傅一讲完，立即站起来，礼节性地拱着双手，说："谢谢你，王师傅。你们捐工与我们捐款一样，都是有仁心善举的人。"

　　接着，参与会议的人就桥梁的式样、所用石料的规格、数量和民工聘用的种种事宜进行了认真研究，只等入冬，枯水时节就可以开始动工。

　　会议之后，与兰溪相邻的三个湖洲上的村落也贴出了修桥募捐公告。半个月的时间，所募纹银，还超出了原计划1000多两。大家都喜气洋洋地等待入冬，唯独那石匠王师傅却心事沉重。因为，他干石匠活儿干了几十年，桥梁、港子、码头、驳岸都砌过，但从来没有建过庞大的半圆形石拱桥，而且多次听师父和师爷讲：全国都只有河北赵县有一座弧形赵州桥，那是中国桥梁的极品！南方所有的府县都只有小拱桥和平面桥。他虽然砌过两米宽的半圆形港子，但那是掩埋在堤埂下的。露在外面的拱桥，莫说是他，就连他师父都没有造过，你说他怎能不急呢？他简直到了坐立不安的地步。

　　有一天，王师傅正在翻阅师父交给他的图纸，猛然间，他想起了唱庙戏时看到的《毛国忠打铁》。那毛国忠是远古时期的铁匠，他曾接到一件兵器的打造业务。当初，他满以为能轻而易举地完成这个差事，就随口答应了。谁知那预订兵器之人乃是玉皇大帝的妹妹私自下凡与杨天佑婚后生的儿子杨戬。杨戬对兵器的要求非常严格，要毛国忠打一把"三尖两刃、九曲连环、七星八卦"的宝刀去劈桃山，营救母亲。而毛国忠打不出来，逼得万般无奈，只好拜请祖师下凡才完成了任务。王师傅心中顿时豁然开朗，我为什么不学毛国忠呢？

于是，说干就干，在附近的商铺买了酒肉，回到家里就摆开香案，从神龛上请下祖师鲁班的牌位，虔诚地拜了几拜，口中还念念有词。突然，一阵清风吹过，他就迷迷糊糊地伏在案桌上睡着了。睡梦之中，只见鲁班站立案上，说道："徒儿听着，兰溪是轩辕创业之地，有龙舟、山歌传承后世，修造拱桥亦为上天使命，与龙舟、山歌相映生辉，届时自有神人相助。"

接着，鲁班又附在王师傅耳边如此这般地叮嘱一番，即飘然而去。少顷，王师傅醒来，惊讶不已，想起刚才祖师叮嘱之事，还历历在目。这时，王师傅的焦虑之心才安定下来，开始绘制桥形和各个部位的施工图纸。

五、建桥工地上的怪事

转眼就是初冬了，江河的水位日益减退。长沙丁字湾运送大理石到兰溪的乌篷船川流不息。枫林桥东西两岸的堤面及河坡上已堆满了大大小小的石头。宝庆、安化的木排也一个接一个地开到了兰溪。估计所用石料和木材差不多了，建桥指挥部就通知早就谈好了的15个石匠、75个副工和10个木匠，于嘉庆七年（1802，壬戌年)十月初九正式上工地。

首先，就在桥北 80 米处和桥南 80 米处的河中筑两道河坝，并用 20 张人力水车把两道河坝里的河水车干，然后是去污。为了桥台基础稳固，施工方面的总指挥王石匠吩咐民工将地基挖到坚硬的地质层，直到出现了异香扑鼻的橘红、水红色夹杂的铁质土壤和黄色卵石才停止挖掘。因为，祖师鲁班早就告诉了他：这桥下是一处莲花宝地，橘红和水红色土壤就是莲花地的叶片影响所致。

本来，莲花地是 300 年要走动一次的，因最初此地修木桥时，轩辕大帝在桥上来来往往走了数百次，而轩辕是洪福齐天、势压山河的上天星宿下凡，地气已被他镇住，再也走不动了。每隔两百年的一个深夜，莲花还是会在桥前的三岔河口现身一次，但只有德行深厚的君子才能看见。

挖完地基之后，即按照建桥的惯例，请了从事儒教的七个礼宾举办了大型法事，并斩杀了三头水牛隆重地祭奠了一番，才开始铺设石块。当时，整个桥台地基的深度是 1.4 米，长 32 米，宽 8 米，光是地基层铺设的长条形大理石就重达九百多吨。在石块与石块之间，揸缝隙的灰浆是用蒸熟的糯米饭和石膏石灰碾成的。那东西的造价虽然比水泥要高得多，但使用寿命与大理石不分伯仲。古代的城墙，砖与砖的黏结就是用的这种华夏"灰浆"，可见我们祖先创造的"灰浆"与现在的水泥，简直有云泥之别。

砌完底部的地基，木工师傅就把在岸上做了一部分的桥洞框架抬到了地基上。尺码是根据王石匠的桥形图纸制作的，宽 6.8 米，高 8 米，跨度为 14.4 米。框架的立柱都是用粗大的杉木做成的，两边把厚实的模板一装，石匠就紧贴着模板砌两边的桥梁。但桥梁只砌了两米高，而且是垂直的，并未呈现半点弧度，砌完桥梁才开始起拱。然而，在起拱的修建过程中，工地上出现了一桩令人费解的怪事。

整个工地参与劳动的石匠、木匠和副工，总共是 100 人，谁知在统计人数时，却是 102 个，到开席吃饭时，又只有 100 人了，这是怎么回事呢？大家觉得很奇怪，几个好事者还暗中商议，打算一个个地查，也要查个水落石出的真相来。

掌作师王石匠深知其中奥妙，及时招集好事者劝阻道："告诉各位，我祖师早就说过，枫林桥的修造自有神人相助。请大家不要议论，更不要深查细究，以免识破玄机，赶跑了神人。请大家都装作不知道的样子，好吗？"大家一听，觉得很有道理，就互相转告，再也没有人议论此事了。

王石匠知道，多出来的两个人是谁。一个是他的祖师鲁班，另一个是曾经长期在兰溪活动过的人文初祖——轩辕大帝。两位神人分别在桥东和桥西两边指导石匠们凿拱券和砌拱券。拱券是专业术语，即上宽下窄的楔形石块。任何带拱形的桥梁、港道都必须用拱券互相卡住才不至于垮塌。

六、修桥工地热火朝天

为了使大桥在视觉上有多种线条的美感，王石匠在两位神人的协助下别出心裁地在第一层拱券上又覆盖了若干层块石。而且，所有覆盖层都在第二层就开始齐齐整整地悬空伸出了 10 厘米。这 10 厘米，既是建桥的技巧，也是一种优美的线条艺术。拱券的两肩，专业术语称之为"撞"。枫林桥的两撞也是用块石码起来的实心撞，没有像赵州桥的设计师李春一样，为减轻石块对桥基的压力而砌空心撞。这是枫林桥与赵州桥的第一个不同之处。

自从大桥开工以来，王师傅从来没有离开过工地。他戴着一顶兰溪人特有的粗篾弧形斗笠，肩上搭着一条水红色毛巾，手拿铁制撬棍，在工地上这里看看，那里瞧瞧。如有砌得不符合要求的石块，他就自己动手，用带有鸭脚板形状的铁棍撬正。

整个工地人来人往，川流不息。两边的河坡上和堤面上有10多个专门打凿半成品的石匠。他们的任务是把不规则的毛坯石块凿成规则的砌桥石。石匠们为了防止石粒进入眼内，都戴着敞光玻璃眼镜，左手拿钢錾，右手拿钢锤，使劲地锤打錾头，把多余的边角石块凿得飞蹦乱跳。有时，钢錾在石头上凿得火星直冒，远远近近都能听到叮叮当当的打凿之声。

枫林桥西岸整齐的大理石码头

抬石块、砌桥梁的是数十个青皮后生子。他们都是一前一后或一左一右，两人配成一套，再根据石头的长短、重量来确定四人或八人一组。他们先将石块用绳索套住，然后，弓着腰把碗口粗的竹杠放在肩上，接着，同时呼喊："一、二、三，起！"随着喊声，几个人同时伸直了腰杆，就哦嚯喧天，抬着石头就走。有的石头太重，连绳索都被压扯得吡吡作响，后生们的脸也涨得通红，但他们把牙齿一咬，就能死捎硬扛地挺过去。

最初，招聘来做模板、框架的木匠，把两项工作完成之后，也没有闲着，有几个在帮着錾石头，有几个做副工。附近的老百姓也喜欢凑热闹，有的还扶老携幼，到工地上来看。尽管维持秩序的人一再高喊："施工重地，闲人免入"，但怎么也阻止不了。

虽然工地上一天到晚都是一派繁忙景象，但总有喜爱唱歌的工友时而敞开喉咙，唱几首闻名遐迩的兰溪山歌或龙船歌来调节人们的精神，驱赶疲劳。歌词内容形象生动，彰显的知识更是别开洞天，令人恍然大悟。这时，桥那边的歌唱声又起来了：

> 正月望郎，郎不来，
> 我满腹疑团解不开。
> 妹说我的哥哇，
> 一壶好酒放淡了，
> 干鱼腊肉翻了晒，
> 有心侍郎怎不来？

> 自古龙舟黄帝兴，
> 寻根就在《咸池》中。
> 妹说我的哥哇，
> 多少年来谁识得？
> 只有兰溪久传承，
> 才有站桡到如今。

有时，这里的歌声一断，马上就有人接唱，甚至对唱起来，给紧张的工地增添了不少欢娱气氛。

有一天，一位 30 来岁的漂亮女子也来到了工地，但她不是看热闹的，她是王石匠的独生女儿，正好今天生日，家里备了些酒菜，要请父亲去喝两口。王师傅明白了女儿的来意，为难地说："秀英，如此重大的工程，我怎么能为了吃饭，擅自离开呢？"

女儿见父亲不肯走，就上前去拖："爹，工地上有百把人，石匠、木匠都有几十个，少你一个也没事呀！"

"不行！我是这座大桥的设计师和掌作师，责任重大，片刻都离开不得！"王石匠抬头向女儿解释。

秀英却不让步，还像儿时一样用双手吊着父亲的脖子撒起娇来，说："平时，我又没耽误过你。今天，无论如何也要去。"

旁边做事的人七嘴八舌，有主张王师傅去的，也有说不能去的。这时，王石匠附在秀英耳边神秘兮兮地说了几句，那秀英才松开了父亲，用搜索、寻觅的眼光在工地上望望这个，又看看那个。最后，独自回千家洲婆家去了。可能是王石匠向女儿讲述了工地上有神人相助的怪事，秀英才自动离开的。

大桥的施工进展很快，到第二年的农历三月，江河第三次发春水的时候，拱桥已初具规模了。如果按赵州桥和西湖拱桥的砌法，桥面呈弧形或半圆形的话，桥面的工作量就不大了。而匠心独具的王师傅仗着有两位神人撑腰，却要把拱桥桥面建成近似于平桥的桥面，使人们在视觉上有两种不同的艺术享受。这就是枫林桥与赵州桥的第二个不同之处。

大桥的两肩，一直砌到了两边桥头的地平线之后。再从桥长的 32 米处以 1∶2.1 的比例砌码头，连续升了 15 级到达桥面。桥面的长度是 15.5 米。枫林桥与赵州桥的第三个不同之处是：枫林桥没有把第二层拱券作为桥面，而是在第二层之上又加了三层。每层高

嘉庆年间，兰溪三岔河口的工地上，民工们正在紧张地修建麻石拱桥，即现在的枫林桥。

度是35厘米。而且，在最后一层又悬空伸出了3厘米，使大桥的实际宽度达到了7.1米。这一设计，大大增加了所用石料和工时。尤其桥脚的负荷，每平方厘米承受的压力可能是赵州桥的1.5倍。

建桥指挥部成员都知道，兰溪人最看重的是轩辕大帝在益阳创立的端午节。因为在端午节前后，兰溪人都要在枫林桥畔举行山歌对唱和龙舟竞渡的民俗活动。为了不影响这个一年一度的活动，指挥部研究决定：工地上所有在编人员于晚餐后继续加班两个时辰，大桥必须赶在农历四月二十八日之前竣工。

对于这一指令，所有建设者无不举双手赞成，积极响应。一到夜晚，几十根竹筒灌油制作的火炬高高地竖立在施工场地，把整个工地照得灯火通明、如同白昼。大家都各司其职，紧张而不紊乱。

从加班之日开始，工程进度突飞猛进。到农历四月二十日，只剩下桥面建设一项了，为了不造成拥挤窝工，王师傅另外安排了四支小队伍分别去修建桥边东西南北四个三丈见方的赛歌台及赛歌台分别向旁边延伸的几个七八十米长的码头。

在铺设 15 米多长的桥面时，王师傅又出新招：在桥面的正中部位设计了一个两米长、两米宽的正方形图案。并在图案的正中砌了一个长宽为 70 厘米、凿成了铜钱形状的大理石。这铜钱的图案是由两块大理石拼合而成的。尤为神秘的是，在两块铜钱石的下面，摆放了三个细小的陶坛，由轩辕大帝和鲁班祖师用法术把大桥附近三个湖洲上的妖魔鬼怪全部封压在坛内。此外，又用三位开国皇帝的铜钱各 300 枚分别摆放在陶坛之下，共同压煞驱邪，匡扶正气。在桥面石北侧的中心位置之下刻有"资江一桥"四个楷书大字；南面同样的位置刻的是"枫林胜迹"。

桥面两侧设有 1.05 米高的石栏，东西两头靠近石栏的地方一共安了四个石雕。南边栏杆两端安的是东雌西雄的狮子，雌者怀抱雏狮亲昵逗趣，雄者竖耳鼓眼。北边栏杆两端安的是麒麟，神态怡雅而威严。

枫林桥的修造，由于建设者们的相互协作和不辞劳苦的共同努力，果然于嘉庆八年农历四月二十八日准时竣工。

七、庆贺之日，掌作师升天

竣工之日，指挥部号召人们杀猪宰羊、大办筵席。两岸的龙船也相继下水，划到桥前朝拜。男男女女的山歌手穿着一新，更是争先恐后地来到枫林桥畔的赛歌台，因为，枫林桥从轩辕时期开始，就形成了以歌会友和男女青年以歌相亲的良好习俗。附近舞龙队的把式们，举着几条黄龙摇头摆尾地前来庆贺。还有七八只采莲船的漂亮妹子打扮得仙女一般，手摇彩楫，轻移金钱，也欢声笑语地赶来凑热闹……一时间，铳炮鼓乐，歌舞喧腾。

兰溪麻石拱桥竣工时，两岸人民都在欢呼庆祝，修桥掌作师王石匠却驾着祥云升天去了。

尤其是那些修桥者，一个个都眉开眼笑，把佩上彩带红花的王师傅抬到枫林桥上，由10多个小伙子用力向空中抛掷，再用手同时接住，一连抛了两次。第三次再抛上去，大家又伸手去接时，却连人影都没有了，在场者无不吓得毛骨悚然。抬头一看，王石匠已驾上祥云，升天去了。

从此，枫林桥给后人留下了永远也说不清、道不明的神奇而又美丽的传说。

不过，细想起来，枫林桥确实有诸多值得称道的地方。它的形态秀美权且不说；它自身的负荷那样沉重，所处位置又使它直接经受了数十次洞庭湖特大洪水的猛烈冲击；抗战时期，又遭遇了日寇的狂轰滥炸，就连赵州桥两侧的拱券都曾先后垮塌过几次，而枫林桥无论是滔天白浪，还是凶残战火的洗劫都奈何不了它，所以，至今岿然未动，完美无损。如此高雅的建筑、古朴的民风、深厚的文化和灵秀的自然环境，这天底下还有哪里可与其相提并论呢？

尤为怪异的是，自从建造麻石拱桥以来，不管洞庭湖发多大的洪水，始终都淹没不了此桥。据说全桥都是由莲花地托举的，能随水升降，所以，从来没有被淹没过。

（本文开头吟诗者系笔者父亲。）

赫山和赫山庙的来历

莫晓阳

一、赫山之称源于华夏始祖赫胥氏

赫山，说它是山，实在有些牵强，论海拔，还不到 100 米，连丘陵的档次都够不上，充其量是南洞庭湖区平原的一个竹木茂密、适宜人类生存发展的庞大土丘而已。这里从古至今，声名远播，人口稠密。由于行政管理的需要，20 世纪 70 年代，赫山成了益阳县城关镇的镇名。至 90 年代，又称赫山区，升级为湖南省县级行政区划中的地域称谓。但从明代开始，本地人觉得赫山两个字的读音过于短促，便拿当地一个冠了赫山山名的庙名相称。几百年来，人们开口闭口都是叫赫山庙，使赫山庙的名字越喊越响，概念也越来越大。

然而，在 20 世纪 80 年代的赫山镇地域范围内却并无什么寺庙，甚至连庙宇的遗址都没有，更无人谈及寺庙的有关情况。远近的好奇人士自然忍不住要问：这山名和庙名到底是怎样来的呢？这个问题，多年来一直无人探究，笔者通过反复查阅地方史志和多次拜访资深学者，才知道赫山和赫山庙的来历中深藏了鲜为人知的灿烂文化。

2013年3月18日，在益阳市第一届轩辕文化学术研讨会结束时，何光岳先生向益阳市委宣传部罗智斌部长和笔者介绍："你们赫山的名称来自8000多年前，新石器中期的赫胥氏。当时，还是母系社会，全国有南北两支赫胥氏部落活动：一支在陕西蓝田县的华胥乡，因为，赫胥氏亦称华胥氏，所以，才有华胥乡之称；另一支就在湖南益阳县的赫山镇，山名即由此而来。你们赫山庙供奉的赫山菩萨就是赫胥氏的祖先，而赫胥氏又是三皇五帝的祖先，你看，你们赫山多伟大呀。"笔者听了震惊不已，史前时期的赫胥氏部落居然在我们赫山活动。

半个月后，笔者又特意去省社科院拜望何老及另外几个学者。在何老家里，他又向笔者讲起了赫山的赫胥氏，同时，还语重心长地嘱咐笔者："晓阳，你对南洞庭轩辕文化的研究付出了惨重的代价才有了重大突破，这可是中国5000年来比较重大的一个史学课题呀！你千万要记住，不管再遇到多大的困难，你都要继续坚持下去……"

笔者在《庄子·马蹄》篇中也看到了有关赫胥氏的记载："夫赫胥氏之时，民居不知所为，行不知所之，含哺而熙，鼓腹而游，民能以此矣。"

1994年，湖南省考古研究所为配合防洪建设，在离赫山不远的南县涂家台遗址发掘出了8000多年前两具完整的先民骨架，同时，还出土了一大批饰有密绳纹、雨线纹和凹弦纹一类的夹碳陶罐、陶盘等重要文物。

看来，赫山的名称源于8000多年前的赫胥氏，并非虚妄之言！

更为重要的是，据本市学者几十年来在历史、文物、民俗、宗教、语言等多方面的研究，认为4700多年前，轩辕东剿西伐、南征

8000多年前，母系社会的赫胥氏部落先民，在南洞庭赫山一带活动。

北讨，平定天下之后，最终也选择在当时农耕最发达、物产最丰富的人间天堂——南洞庭的益阳县（即赫山区）大会天下部落长和开创中华民族史上第一个无为而治的文明王朝。其实，轩辕与他的祖先赫胥氏相距3000多年，居然也选择在赫山创造帝业，这究竟是上天的有意安排，还是历史偶然的巧合呢？也许二者兼而有之。甚至还有人认为这是中华民族的祖先赫胥氏在冥冥之中对轩辕应该认祖归宗的引导所致。

无独有偶，1983年，益阳县文物队在笔架山乡新兴村发掘出了一处新石器晚期的遗址和墓葬，出土了平地摆放的大、中、小三种不同的石斧，当时，被定为了国家一级文物。据资深学者盛定国考证，那石斧应该是部落联盟最高领袖（即轩辕）彰显声威的专用器具。

二、赫山是历代兵家必占之地

在东汉末年，天成垸、千家洲、沙头等乡镇又被洪水淹没，县治之东全是一派汪洋时，赫山的山脚与南洞庭的湖水就是在此处相连接的。据《三国志·吴书·鲁肃传》《三国志·吴书·甘宁传》《水经注》等权威史志显示，建安二十一年(公元216年)，东吴的孙权唯恐刘备从益阳打开缺口，攻占长沙，曾派大将鲁肃驻兵赫

相传三国时期，关云长乘船去资江南岸，单刀赴会。甘宁在资江南岸沿河一带防守，称为一线。主帅鲁肃则居二线。当时，南洞庭的水达到了赫山金盆岭山脚(即现在赫山区政府的东面围墙之下)，关羽在此上岸，走茅丛路到东风岭。

山，作为吴军的第二道防线。第一道防线是资江下游的沿河南岸，即从现在的船舶厂到益阳市龙洲中学，一线守将是东吴水军副将甘宁。资江北岸乃是关羽镇守，关云长单刀赴会的故事就发生在

此处。他驾船带随从过资江，与东吴的高层将帅会晤。双方虎视眈眈地对峙了大半年，最后达成和谈协议，关羽才领兵退守荆州。直至 20 世纪 30 年代，资江南北两岸还保留了当时的甘宁故垒、鲁肃堤、关羽濑、马良湖、诸葛井等一系列重要遗址。

南宋时期，岳飞围剿洞庭湖起义军杨幺。为防止杨幺的部队从南洞庭上岸进入雪峰山，岳飞率精兵驻守赫山。当时东风岭、七里桥、梓山冲等方圆 10 多里的范围内全是岳家军。主帅辕门设在东风岭西侧（即现在的赫山一小），山上旌旗蔽日、号角连天。而张宪、牛皋等人则分兵驻守在沅江各地。

岳飞征剿洞庭湖杨幺时，为防止杨幺从资江南岸的赫山上岸，进入雪峰山，故将帅帐设立在赫山，即现在的赫山第一完全小学。

抗战时期，为了阻截日寇南进，国民党第九十九军也选择在赫山驻防，控制了长沙至常德的驿道和资江下游的水道。公路上堆砌了巨石，江中牵扯了用铁丝绞成的钢缆。由此可见，赫山是历代兵家必占之地，在军事上，有其至关紧要的战略意义。

三、帅帐改成赫山庙

岳飞得胜回京之后，当地人拆毁了岳家军搭建的营房，用拆下的木材在岳飞设立帅帐的地方，建了一座三进五殿的中等型寺庙。庙内供奉的既有佛像，也有神像，甚至还像沧水铺的清修寺轩辕殿一样，供有轩辕和嫘祖的道祖之像。在确定庙名的时候有多种不同意见：有的要定名为关公庙，有的要定名为城隍庙，还有的要定名为轩辕庙。而且，持各种意见的人，都能旁征博引、振振有词地讲述自己的理由是何等的充足。主持和尚及首事召集了多次专题会议都没有达成共识。为了避免争执而产生矛盾，最后有人主张，几种意见都不采纳，干脆以赫山两个字作为庙名，所以，才成了赫山庙。庙里供奉的主神就是赫山菩萨。经过多年的艰苦努力，寺庙才初具规模，占地一万多平方米。

在开张念经的第一天却出了大事，庙内、庙外突然阴风惨惨，鬼哭狼嚎。本来，他们自己庙里有 10 多个和尚，另外又在附近寺庙请了 10 多个，一共有 30 多个和尚，加上 50 多个受了戒的居士和两百多信男善女，法事规模也算不小。然而，谁也不会想到，法事进展不到一个时辰，就有 30 多人中邪，相继口吐白沫倒地不起。众人吓得两腿战栗，目瞪口呆。庙里住持急得抓耳挠腮，连忙念经作法。但一点效果也没有，倒地者仍然不起。

在大家正手忙脚乱，无计可施之际，蓦然间，头上阴风一转，哀泣之声戛然而止。接着，又传来了悲愤的嘶喊："还我命来，还我命来……"

住持听了一阵才恍然大悟：几年前岳飞围剿杨幺的战役中，双方都有数万将士战死沙场。而且，绝大部分都未妥善掩埋。因为，那次战役是以水战为主，死者和伤者都沉入了水底。伤者本来可以活命，但因无力挣扎也被淹死水中，10多天后才浮出水面，被风一吹，漂进芦苇丛中，成了野鸟和鱼虾们的美食。这些冤魂未散，聚集在此呼天抢地地哭叫，显然是想借岳飞帅帐改建的寺庙给予超度。其实，这一要求也无可厚非合乎情理。庙内神佛都是菩萨心肠自然对他们深表同情，故未强行阻止和恶意驱赶，所以，才形成了这股阴森恐怖之气。

益阳市赫山庙供奉的主神——赫山菩萨，也就是我们华夏最早的母系社会祖先——赫胥氏。其实，准确的称谓，应该叫赫胥菩萨。

几个得道高僧商议，马上动手做一个大型水陆法会，超度亡魂，平服怨气。于是，一个祈风求雨的法会转眼之间变成了水陆法会。法会做了21天，才彻底平息了那些哀鸣嘶叫的冤魂。数年之后，岳飞被卖国贼秦桧诬陷，与长子岳云在风波亭同时遇害。其阴魂也在赫山庙显圣，经常于深更半夜骑着他的高头大马在庙前的地坪里奔上跑下。这件事也是由此庙主持的超度。法事结束后，庙里还为岳飞雕了一尊木像供奉在关公殿，与关菩萨同受人间香火和朝拜。明代中期，寺庙又进行了改造，菩萨也更换了，一些不知庙名的来历者，把岳飞说成是赫山菩萨，说庙名也是由他而来。其实，岳飞在寺庙的称谓是鄂王菩萨，因为宋孝宗曾追谥岳飞为"武穆"，宁宗又追封为"鄂王"。不过，庙里也搞错了，赫山菩萨系赫胥氏，乃女身之像，并非男身。

可见，益阳的赫山菩萨是全世界最早的菩萨，按教别划分，应该属于道教之类。如果与轩辕、嫘祖比较，则早了4000年左右，与观音、如来比较，早了大概6000年，这文化简直深厚得绝无仅有了。

四、赫山庙几次变迁，最终改为学校

相传岳飞死后，其子岳雷谨遵父亲生前嘱咐，带了他的灵位从河南汤阴县举家迁徙，落户在岳飞自己早年选定的益阳县鸾凤山附近。岳飞虽是中原人，他在益阳县驻兵赫山时，发现这里的民风、乡俗、语言、器具、生活、衣着等，不管哪个方面的文化都很发达。甚至，他还隐隐约约地觉得：这里可能是黄帝祖源文化的发祥地，否则，不可能如此深厚、丰富和完美。他原打算将金兵赶出中原之后就来益阳安家，好让子孙接受益阳文化的熏陶，所以，连落户的地方他都早就看好了。而秦桧这个奸臣，生怕他收复失地迎回二圣，而有损自己的地位，就迫不及待地以"莫须有"的罪名将他迫害致死。

现在，赫山区岳家桥镇的岳氏家族成员全都是岳飞的后裔。赫山庙自从两次水陆法会之后，便成了益阳所有寺庙中做水陆法会最具权威的专业性寺庙。

益阳县为母系社会的华夏始祖赫胥氏修建的赫山庙。

当时，此庙香火比较旺盛。因为，庙址离古代驿道很近（大概不到600米），又是南洞庭的水陆交际之处，来往人口较多。

到了清代晚期，地理形状已彻底改变，天成垸、千家洲、沙头等地相继挽垸，近水优势已不复存在，赫山庙的香火也随之减少。在一个风雨交加的夜晚，有两个殿堂因年久失修而倒塌。后来，部分信士出面，将原庙搬到了金盆岭，即现在的赫山区政府东面围墙之下，离驿道只有四五十步距离。不过，建筑规模缩减到了极小的程度，盛极一时的庙宇也走向了萧条之路。寺庙搬迁后，当地一周姓大户利用那块平敞的空地建了一所私立学堂，专门招收和培育周氏子弟。抗战时期，日寇占领了岳阳、常德和长沙，而国民党军队也不断组织反攻，为了适应战争的需要，私立学堂又临时被政府租用，改成了陆军医院。国民党败退台湾后，共产党又把陆军医院改成了赫山第一完全小学。

五、赫山庙有待重建

此外，古代益阳的驿道几千年都没有改变过，是从资江下游南岸的大渡口经茶亭街至三里桥。其所以叫"三里桥"，是沿大渡口驿道往东至该地正好是三里路程。接着，又从三里桥开始经赫山区政府东面围墙附近至七里桥，这一段路大概是四里，加上前一段的三里，正好是七里，故此称为"七里桥"。

新中国成立之后，赫山庙于20世纪50年代拆毁。直到2004年，由本地居士李彩仁和沙弥来明等人共同发起，在赫山镇黄泥塘（即市十三中东侧）重建了一所占地四百多平方米的小庙。不过，因地方偏僻，地势低洼，场地又小，不适于群众性宗教活动的开展。附近信士准备联合向政府和宗教部门报告，要求重新划定场地，给全市佛友和信士提供一个宽敞舒适的活动场所。

目前，赫山区委和区政府的驻地就在赫山镇的金盆岭。这里的地理位置相当好。东北方向是原来南洞庭的水域。现在，成了良田沃野；面对的是整个赫山，而坐落在金盆岭上。所以，这个地方钟灵毓秀、人杰地灵，全区建设日新月异。尤其人文底蕴深厚得举世无双，叫人羡慕不已，如果充分利用、认真打造，"赫山"二字将无疑地走出省门和国门，光辉灿烂的前景也就指日可待了。

鸾凤山传奇

莫庆姬

一、轩辕立都赫山，母亲和元妃居岳家桥

相传 4000 多年前，轩辕统一天下之后，不光动员北方人大量南移，形成了历史上从未有过的"南盛北衰"的文化格局，而且还

岳家桥镇鸾凤山村支两会的驻地

把母亲附宝也接到了益阳县，与自己的元妃嫘祖一起住在岳家桥的鸾凤山。为了广泛接触底层民众，他除此处之外，还有熊湘山（即青秀山）和龙光桥两个住地。在史前时期，由于人口少得可怜，除了一些高山大江和人类经常活动的地方之外，一般地方都没有地名。像岳家桥、衡龙桥、鸾凤山和龙光桥都是轩辕时期或轩辕之后的称谓。

二、嫘祖屋门前的梧桐树上鸾凤和鸣

轩辕是历史上最讲节俭和仁政爱民的君主。他虽有三个住地，但多半时间与母亲和嫘祖住在鸾凤山。而且，三个地方的居室与普通民房一样，丝毫也不奢华。他岳家桥的住地是在鸾凤山山脚的一块平地上，建的是六缝五间前后两进的茅草房院子，旁边还有两座四缝三间的房屋，那是他的几个随从居住的。这种缝子屋也是他到益阳后，自己别出心裁地创造出来的。

所以南洞庭及其周边后世起屋造船的木匠都拜轩辕为祖师，而不是拜鲁班，原因就在这里。因为鲁班是春秋时期鲁国人，至今都只有2500多年。等到他出世，中国屋宇的建造早就十分完美了。倒是此前的房屋都是伞状形的。那种屋占地又多，使用面积又少，尤其不能不留间隙一排排地连线发展，使用的竹木材料也比缝子屋要多得多。因此，才被轩辕创造的缝子屋取代了。其实，缝子屋也不复杂，在中间树一根四五米高的中柱，离中柱前后三四米远分别树两个矮点的檐柱，把三个柱子用横木串起来固定位置，中柱和前后屋柱的顶端分别搁一根斜木，两根斜木在中柱的顶端固定缝子就形成了。再用丈把长的横木把几个缝子之间连接起来，接着，又在斜木上搁置檩子，檩子上再铺屋搁竹和朗子篾。最后，在朗子

蓝天白云下的鸾凤和鸣。这就是后世历代以来把男女二人结婚称为"鸾凤和鸣"的真实来历。

篾上把茅草一铺就可以居住了，这就是流传了4000多年的缝子屋。

　　轩辕家里除了从北方带来的10多件玉器之外，全都是南方通用的陶器和石器用品。他家坐北向南的屋门前的山坡上长着几棵高大的梧桐树。梧桐，别名青桐，属落叶大乔木，是自然界具有吉祥灵异的物种。其雌为梧，其雄为桐，两种树长在一起，枝叶互相连接、互相覆盖，是一种象征相互恩爱的植物。自从轩辕搬过来后，那梧桐树上经常聚集着一对鸾凤在此栖息鸣唱，引得附近山林的飞鸟都来争相朝拜。

　　而鸾凤更是稀世之瑞，仁圣之禽。其性格高洁无比，非清澈甘泉不饮，非当年嫩竹不食，非高大梧桐不栖。鸾凤的体形为鸡头、蛇颈、燕颔、龟背、鱼尾，全身羽毛呈五彩花纹，高六尺左右，是一个集多种动物形象于一体的神鸟。对于鸾凤二者的区分是：鸾鸟为雄，凤鸟为雌；两尾者为鸾，五尾者为凤。另外一种分法是：羽毛青色多者为鸾，赤色多者为凤。它们经常拖着五彩缤纷的长尾，展开又宽又大的漂亮羽翼，一唱一和地在轩辕家屋前屋后飞来飞去。那唱和的声音清脆而高雅、洪亮而和谐，轩辕往往听得心花怒放、如醉如痴，像是在欣赏某种非凡的声乐艺术。

岳家桥镇鸾凤山村的远景

三、火凤受伤坠落嫘祖家的地坪里

一天早晨，天刚放亮，轩辕就起床了。他40多岁年纪，两道扫帚似的浓眉，一张四方大口，面如明净的圆月，眼若闪光的明星，身材高大，膀阔腰肥，穿着一套当时只有南洞庭才有的，也是他与元妃嫘祖共同研制出来的麻布衣服。他打开大门走到阶基上，发现地坪里好像有个红色的火球。他走上去一看，原来是一只火凤躺在地上。因为这些神鸟经常在他家门前的梧桐树上飞来飞去，所以他早就认得出来了。他连忙用手去触摸，那火凤扑腾扑腾地跳了几下。轩辕估计它可能是翅膀受了伤，飞腾不起了，应该尽快给它做个窝，让它躺在窝里。

于是，轩辕回到屋里，把儿子玄嚣（即少昊）、昌意（颛顼之父）也叫了起来，父子三人用杂草在禾场边上给火凤筑了个圆形的草窝，把火凤抱进了窝里。

这时，轩辕的母亲和嫘祖见他们父子三人一大早就在禾场里奔上跑下忙个不停，不知是在做什么。婆媳二人走近一看，原来是给火凤做窝。

嫘祖疑惑地问道："这不是那梧桐树上的火凤吗？怎么掉下来了呢？"

"可能是受了伤飞不动了，我起来开门就看见它躺在地坪里。"轩辕一边忙一边回答。

他母亲附宝伸手摸了摸火凤靓丽的凤冠，说："这是世上最吉祥高雅的神奇之鸟。它的出现预示着天下太平，我们要好好地保护它。"

正说话间，一只青鸾鸣叫着飞了过来，它看见躺在草窝里的火凤，叫得更加响亮了。火凤抬头看见了青鸾，也跟着鸣叫了几声。它们好像是在互相对话。那青鸾在屋顶上盘旋着，却始终不落下来。

嫘祖见此状况，指着青鸾说："这家伙可能是怕人，我们都到屋里去。"说完，她就挽着婆婆进屋去了。轩辕和两个儿子也一同进了屋。大家都伸长脖子站在屋里观看。

只见青鸾落在草窝里唧唧呀呀地叫个不停，它们像是久别的夫妻一般，恩爱不已。接着，青鸾用嘴把脚爪抓住的几根细小的嫩

益阳县鸾凤山梧桐树上的鸾、凤和两只小凤凰，在轩辕家的地坪里自舞自唱，非常亲热。由此启发了轩辕推行男婚女嫁和养育老小的家庭伦理。

竹塞进火凤的嘴里。火凤也张嘴慢慢地接住。喂完食物，青鸾又鸣叫着飞走了。轩辕一家人看得聚精会神，感动不已。鸟类都如此重情重义，人类更应该压制自私自利的恶性，创建仁爱和谐的大同社会。

大家都还沉浸在感慨之中。猛然间，附宝向长孙玄嚣吩咐道："我从小听老者说过，凤凰非清澈甘泉不饮，你赶快到山上的石缝中去接点纯净水来给它喝。"

玄嚣一听，二话不说，跑到屋里拿了一个陶罐就往山上跑。

不一会，山泉水取来了。轩辕倒了一点装在盆子里，端给火凤去饮。果然，火凤像鸡一样伸长脖子一连喝了十多口。

吃完早饭，轩辕在几个随从陪同下骑着马到龙光桥去了。因为王朝的本部设在龙光桥，本来按照惯例他是要到那里去吃早饭的，为了这火凤的事，他耽误了时间。

鸾凤山梧桐树上的鸾、凤在亲密地戏闹

四、青鸾和小凤凰轮流喂养火凤

处理完朝中的事务，下午酉时，轩辕又回到了鸾凤山。他把马交给紧挨他住着的随从喂养，就到自己家里去休息。但他刚与母亲聊了几句，就听到屋顶上有凤凰的鸣叫和盘旋之声。他探头一望，见是两只小凤凰在空中转了两圈后，也降落在禾场边上的草窝里，叽叽喳喳地给火凤喂食物。看样子，火凤是它们的母亲。虽然都是鸟类，不会讲话，但它们之间的那种慈爱与孝敬的亲情表现得淋漓尽致，而且没有半点虚假和做作，甚至比人类社会的亲情还要浓烈真挚得多。

从此，青鸾和小凤凰都非常及时和勤密地来给火凤喂食物。

有时它们轮流喂养，有时三只鸟一起来，叽叽喳喳地亲热一番。加上轩辕家里人的精心照顾，七八天之后，火凤的伤势大有好转，它很聪明，自己逐步试着飞腾。起初只是从草窝飞到地坪里走一走。接着又飞到屋顶上看一看。四五天之后，它大概完全恢复了，能冲天而起，在高空自由飞翔了。

轩辕家地坪的草窝里，青鸾每天都及时地给受伤的火凤喂食物。看它们双方之间的感情比当时的人类感情还要纯洁。

不过，它还没有马上离开草窝的意思，可能是出于对轩辕家里的感恩，也可能是上天派它来执行任务向轩辕提示什么，因此，它仍然每天都鸣叫着在轩辕的屋顶上盘旋。

只要听到它的叫声，那只青鸾和两只小凤凰就一路鸣唱着，很快飞过来。四只神鸟在一起，要不就是站在屋顶上一唱一和，要不就是在地坪里自舞自唱。尤其鸾凤之间的亲切互动真是别有一番情趣，它们双飞双落，时而颈挽着颈，时而翅盖着翅，那种互爱和亲昵简直无法形容。两只小凤凰也不逊色，喜得屁颠屁颠的，在鸾凤面前又是唱，又是跳，真是其乐融融。

轩辕一家人看得眉开眼笑、啧啧称奇。这样又欢乐了几天之后，火凤才在一天早晨鸣叫着离开了草窝，回到梧桐树上去了。

五、轩辕受鸾凤情谊启发制定家庭伦理

轩辕由此受到了很大的启发。那时，刚从母系社会脱胎出来，不少地方仍然热衷于母系社会的走婚习俗。所谓走婚，顾名思义，就是成年男子走到哪里，只要与女方相爱就可以结婚。而婚后所生儿女都是由女方养育，男方没有任何责任。因此，那种婚姻并不牢固，完全是一种毫无保障的松散型的结合。来往几个月或几年之后，男方可以随时中断关系不来了。他可以走到另一个地方又光明正大地与别的女子结婚，谁也干涉不了。显然，这种脆弱的婚姻和由女方养育儿女的习俗是不公正的！女方既要主外，又要主内，有时关照不来，儿女夭折现象层出不穷。这样，自然就导致了家庭和社会的不稳定，尤其还使婚姻和家庭缺乏浓厚的感情及和谐的氛围。这种陋习确实不行，应该大刀阔斧地进行改革。

于是，轩辕就依照鸾凤和鸣的模式制定了五条有益于家庭伦理的规章。①废除走婚习俗；②由男方迎娶女方，组建长期相伴、夫唱妇和的家庭，并由男子主外，女子主内；③为了保证婚姻和家庭的稳定，婚后任何一方不得无理由抛弃对方；④婚后所生儿女由夫妻二人共同养育；⑤儿女成年后，必须赡养父母和祖辈。

这五条规章轩辕与母亲和元妃反复讨论之后，正式向文武大臣颁布并开始实施。同时，岳家桥那座曾经栖息了鸾凤的山体被轩辕

轩辕受到了鸾凤山"鸾凤和鸣"的启发，制定了男婚女嫁和养育老小
等一系列的家庭伦理，废除了"走婚制"。有了伦理之后，一家人夫
唱妇和，父慈子孝，其乐盈盈。这就是中华民族伦理的起源。

命名为"鸾凤山"。这就是几千年来流传到现在比喻夫妻恩爱的鸾凤
和鸣的真实典故，也是中华民族家庭伦理的最初雏形。后世的周公
之礼和孔子所定的道德，也不是他们所处时期突然冒出来的思想和
产物，而是他们两位圣人根据轩辕时期的伦理习俗，进行整理和规
范出来的。因此，真正的儒学和道教文化早在新石器晚期的益阳就
开始初具规模了。

衡龙桥的人文冠三湘

莫晓阳

一、衡龙桥的来龙去脉

衡龙桥镇是益阳东南的边陲之地，山清水秀，物阜民殷，交通便利，产业发达。但在人文方面，由于人们对历史的忽视和遗忘，早已默默无闻了。然而，经笔者的挖掘和考证，发现它是一颗掩埋在厚土之中的璀璨明珠。其过去的山川人物：或神奇古老，或仁慈壮烈等等，无一不是益阳人民赖以骄傲的闪光文化！

衡龙桥从上古时期开始，一直是长沙至益阳、常德、重庆等地的必经之处。桥下的河流发源于宁乡市(原宁乡县)煤炭坝，流经岳家桥、大泉、衡龙桥三个乡镇，名曰侍郎河。显然，这是唐宋年间的称谓。至于以前叫什么名字，已无法考证。新中国成立后，又称之为泉右支河，即泉交河右边的支河，这一称谓显得复杂而难以理解，实际上，也不科学！但只有这桥名始终未变，而且，还很有来历。

大概在 4700 多年前的新石器晚期，中华民族的人文初祖轩辕黄帝为了追剿蚩尤而领兵南征，最后，来到了湖南的益阳地

清代特大慈善家刘安铖修建的十孔大理石衡龙桥

区。轩辕与他的随从和部队有近万人，要从青华铺过来的侍郎河下游通过，进入南洞庭。而当时这段河道没有桥梁，轩辕准备架浮桥过河。但当他在沿河一带察看时，发现河道虽有七八十米宽，不过河里的水并不深，加上附近的高地上长着成片成片的竹木。于是，轩辕改变了主意，吩咐先锋部队选择在只有四五十米宽的（现名莲花村河湾里）地段架桥过河。

　　先锋部队有1000多名将士，还有专门架桥开道的技术人员。队长安排了两三百人，砍树的砍树、去枝杈的去枝杈、搬的搬，不到两个时辰，一座50米宽、2米高、水里设了10多个桥墩的木桥就架好了。由于古人长期把河流水域视为龙，而且对龙又十分敬仰崇拜，加上古代衡与横相通，因此，轩辕就为木桥取了个高雅响亮的名字——衡龙桥。意谓横亘在蛟龙身上的桥梁。但木质桥梁会受日晒雨淋的腐蚀，并非一劳永逸，几十年后重修也是常事。有时无人出面，只能用渡船、竹筏过河也并不奇怪。不过，衡龙桥作为古代驿道的唯一要塞，几千年来都没有改变过，倒成了一个重镇级的地名和一道亮丽的风景线。

也许是地理位置的风水所致，除此之外，这周边还滋生了一系列令人意想不到的故事。

二、离桥不远有个河图洲

顺着桥下河道西南方向四五里远，有个地方叫河图洲，而且，还是一个行政地域单位的村级名称。当然，一般人听了这个名字不会有任何反应，而史学家们听了就会惊讶不已。因为"河图"二字有特定的含义，它是华夏文化的源头，也是早期文化中的瑰宝！相传在旧石器晚期，河南孟津县的黄河边上有龙马背负河图跃水而出。那龙马背上有若干个黑白圆点，组成了一个内圆外方的图案。这图案深藏阴阳、五行、四象的奥秘，是中国阴阳、五行术数之源，说是伏羲以此创造了八卦。

谁知衡龙桥还有河图洲的地名，而且，那个洲子边上的河道更符合龙马出图的条件。尤其在离此只有10多里的岳家桥，同样在轩辕到益阳创业的新石器晚期，那里还有一座曾经鸾凤和鸣的鸾凤山。如果按孔子的"凤鸟至，河出图"的说法，这里可是二者具备呀！怎么没有把衡龙桥的河图洲载入史册，倒推出个没有产生任何相应文化的孟津县呢？

其实，"凤鸟至，河出图"是两种祥瑞，也是一句预兆盛世的谶言。应该早在孔子之前的数千年就广为流传了，并在新石器晚期的南洞庭就得到了充分的印证。当然，这两大祥瑞的出现是有先

衡龙桥镇河图村村部

后的,必须先有"凤鸟至",然后才有"河出图"。而且,两大祥瑞也应该像黄帝的立都和"作《咸池》,张乐于洞庭之野"一样,出现的时间,肯定是在同一个年代,不会有伏羲至轩辕的4000年之隔。产生祥瑞的两个地点也应在咫尺之间,不会有河南孟津县与湖南益阳县的几千里之隔。

尤为重要的是,根据史上所描述河图产生的年代来看,根本就没有出现什么盛世,只有新石器晚期的南洞庭才符合上述情理和条件——轩辕统一了全国,开创了人类史上"无为而治"和大同社会的文明王朝,而"凤鸟至"一直没有准确地望。

但史上为什么没有人把益阳的河图凤鸟如实描述和记载呢?也许是夏、商、周时期,视南方为南蛮的中原人甚至学者,早就张冠李戴修改了传说,因此,才使这两个发生在同一年代和同一地域的祥瑞变得支离破碎、牛头不对马嘴了。

三、怪异的七彩茶花树

谁都知道，茶花属山茶科，常绿灌木或小乔木，历来都是开一种单一的红色或白色之花。而益阳市衡龙桥镇青竹塘村九房湾却长着一株同时开七种颜色的茶花树。

刘安钺子孙遗留在青竹塘村栗山嘴组的七彩茶花树

该树不光花色多样，就连枝茎也是与众不同。一个蔸上像韭菜一样同时长着九枝形态各异的花木。每年都是腊月开花，花期长达四个月，冬和寒梅斗艳，春与桃李争芳，冷暖皆宜，风姿绰约。

花色单一者，有的纯红，有的纯黄，有的纯白，亦有混杂之色，或红白相间，或红黄互映，或红黄白三色交错。白的洁同素玉，红的艳似朱霞，旺盛之期更是璀璨夺目，美不胜收。可以说天下奇花，唯此独秀。

溯其渊源，相传明初刘氏祖先子朋公官任长沙护卫指挥使，其曾孙文旻公移居衡龙桥，同时携带此树，植于庭院之中。清代中期，刘氏又复兴起来，原宅改成了九进大夫第。该树被载入县志，称为"南晃九龙七彩茶花树"。南晃即南国之意，九龙乃一蔸九枝，蜿蜒横展，蟠蜷斜升，势若飞龙之雄伟，状如卧龙之娇娆。其时，树名大振，远近的高官显贵及文人墨客无不成群结队而来，争相观赏，或吟诗作画，或高谈阔论，或把酒临风，排遣郁闷，移情奇花异木之中。加上距此两华里处又有嘉庆皇帝为旌表大慈善家刘安铖所敕建的乐善牌坊和轩辕时期开始就有的一条古道街以及天下难得一见的十孔大型麻石古桥。因此，衡龙桥镇曾一度成为益阳的旅游热点。

然而，天有不测风云，物亦有旦夕祸福。500多年后，七彩茶花树于1921年不知何故，突然枯萎而死，树根也随着腐烂。世人无不为此叹惜，甚至有的痴情文人还相邀凭吊。谁知钟灵毓秀，福地重辉，九年之后，出现奇迹，蔸朽根亡的原地又长出两枝新苗，并且，也是共着一个蔸。人们百思不得其解，无根无茎的怎么会长出新苗呢？岂不与石头缝里蹦出个孙猴子一样奇巧吗？然而它又并非虚构，是实实在在的存在，也许是地灵物杰吧！不过，所开之花变成了红黄白三种颜色。经刘氏子孙精心培育，至今已有4米多高，杆粗30多厘米。

后来，长沙和株洲市园林局闻悉此树，知其珍贵无比，多次剪枝移植和采果播种，但均未成活。随着星移斗转，更朝换代，显赫一时的刘氏大夫第早已拆毁，成了一片青山。历史的演变和社会的动荡也使负责管理的户主由刘氏易为王氏，世间的一切都在不停地变化，而七彩茶花树却经霜傲雪依然如故。

四、嘉庆皇帝敕建的牌坊

刘氏中兴时期，九进大夫第的主人名叫安钺，字辉佐，一生专做好事。为了积德行善，他把祖上积蓄下来的数百万贯家财捐赠一空。

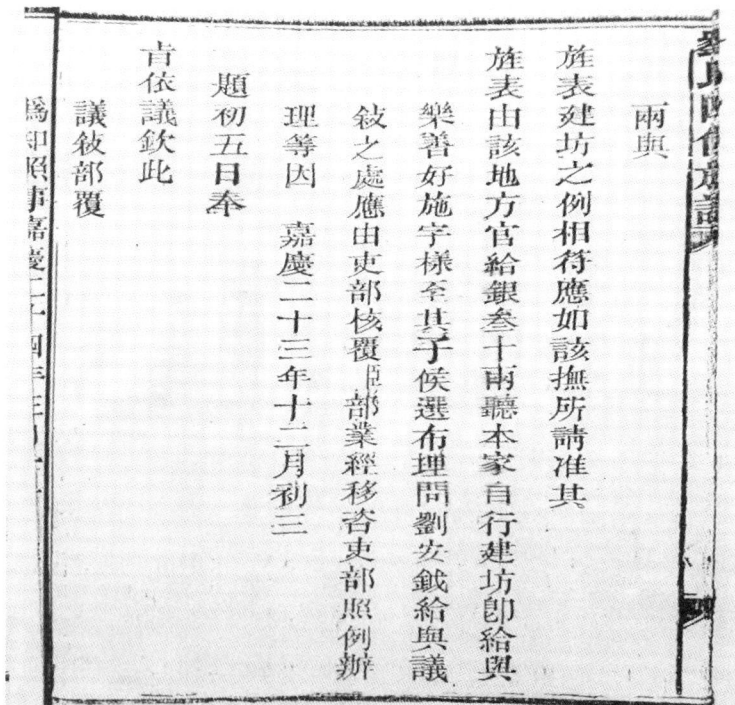

兩奥

旌表建坊之例相符應如該撫所請准其

旌表由該地方官給銀叁十兩聽本家自行建坊卽給與

樂善好施字樣至其子候選布理問劉安鉞給與議

鉞之處應由吏部核覆臣部業經移咨吏部照例辦

理等因 嘉慶二十三年十二月初三

題初五日奉

旨依議欽此

議鉞部覆

清代礼部呈给嘉庆皇帝奏章的转录文

嘉庆初年，洞庭湖遭受特大洪水，不少堤垸倒溃，灾民扶老携幼四处逃荒。刘安钺生性仁慈，一边设点发放钱粮衣物救苦救难，一边在长塘村、河图洲日夜赶建义庄。义庄竣工后，专门收养灾民，两庄共收四五百人，由刘安钺长期供养。

1818年，龙洲书院无钱维修庠舍和支付廪、贡生员费用，面临停办危机。刘安钺闻悉，立即捐良田140亩给书院作房屋修缮和生员膏火之用。

1825年，他见益阳县东门口的官渡不便来往行人，收费又高，群众怨声载道。他就捐良田80亩，在大渡口建了个义渡，免收渡费，使广大群众受益。

1839年，湘中、湘北赤地千里，饿殍遍野，他仁心大发及时开仓赈饥。刘家当时有十个仓库，他开了八个，几百万斤粮食三两个月就发放一空。另外两个仓，专供长住义庄和祠堂的七八百名难民。那一次的善行，拯救了数万饥民的性命。

1849年，衡龙古桥被洪水冲毁，南北交通中断，也是由他捐资重建。其间，还有各地大大小小的善事和公益建设需要资金，诸如三台塔、文昌阁及文旻学校的修建等等，他都是慷慨解囊予以赞助。

最后，他已到了倾家的地步。自己为儿孙建了个六家湾，但动工不久，就因财力不支而中途拆毁，大门前的一对玉石狮子也只好捐给了附近牛头岭关圣庙。谁都见过社会上的慈善家，他们一般都是以自己家产的万分之几或十万分之几去做善事。而刘安钺是以自己家产百分之几甚至十分之几去做善事，40年之后，自己却空空如也了。

自古以来，世人都喜欢赞颂有高尚仁爱精神的人事。刘安钺也不例外，他的仁行善举随着社会的传播和官府的层层禀报，连嘉庆皇帝都知道了。作为清政府的最高统治者，他正要刘安钺这种典型来帮助朝廷关爱民间疾苦，稳定社会。于是，在礼部的奏请下，嘉庆皇帝于嘉庆二十三年十二月初三(即公元 1818 年 12 月 29日)颁发诏书，要地方官给银三十两敕建乐善坊予以旌表，并还亲自御书"乐善坊"三字给刘安钺。

嘉庆皇帝为旌表益阳县刘安钺，亲自御书"乐善坊"三个字，并颁发圣旨，在衡龙桥敕建"乐善坊"牌坊。

1819 年，刘氏选址于大夫第东侧八百米处修建牌坊。该坊为玉石结构，宽 10 米，高 9 米。上下共三层，中层砌汉白玉，镌"乐善坊"三字，上层刻嘉庆皇帝诏书。牌坊正面为丹墀，所有台阶像金銮殿的台阶一样，均用红色装饰，因为上层有皇帝的圣谕，不同其他自行或地方官府修建的牌坊。离丹墀数步之远立有下马石，上刻"文官下轿，武官下马"之警诫。来往者必须整肃衣冠如同面圣，进行朝拜。这一神圣的牌坊和慈善家无疑是益阳人民的骄傲。然而遗憾的是，牌坊于 20 世纪 50 年代被拆毁。曾被衡龙桥公社收藏的刻有圣旨的汉白玉早已不知去向，但牌坊前的一个石狮子仍在衡龙桥镇政府院内，下马石也搭在沟边做跳板。

不过，刘安钺重新修建的衡龙桥依然存在。该桥 11 墩 10 孔，每孔长 5 米，面宽两米，桥墩和桥面全是清一色的麻石。墩的两边都呈箭头形，其中两墩还有龙尾、龙身的浮雕，大概是镇压妖孽之物。每孔有六块长条形麻石搭成桥面，而且，每个墩上还立有石柱搁置栏杆。如此多孔的古代石桥，在整个湖南都是独一无二的。因此，桥南新增了一个刻有文物保护公告的碑亭。而桥北当时同建的四个凉亭和一个跃龙塔，还有诗联碑林均已消失。

五、至今犹存 4000 多年前的驿道

幸好桥头还保存了一条 300 米长的马路式古代小街，小街两边的铺面虽已改建，但古韵犹存。其所以有这样一条小街，是因为在没有长益公路之前的上古和近古，衡龙桥一直是连接长沙至湘中、湘北和四川、贵州官道的纽带。在这要塞之地，官方还设置了迎送官员的驿站。

几千年来，凡是民间运输及官方文书传递都要在此经过或停留。因此，桥头就成了过往行人食、住的服务型小街。根据小街的长宽形状来看，在古代，这里肯定是个繁华的集市，而且这条古道和小街应该从轩辕时期就开始形成了。因为，轩辕在南洞庭创建了第一个文明王朝，大会天下部落长，来来往往的人除此处之外再无第二条道路可走。现在的长益公路修于 1938 年，虽然离古道小街有 200 多米，但那是为了尊重慈善家刘安钺先生、不冲撞他的坟墓，才被迫甩开了一个长 1 公里、最宽处 200 多米的弓形弧道。可喜的是，被甩的弓形弧道依然还在，实际上这是一段最好的历史遗迹。

衡龙桥驿站遗留的古道街，除了房屋变化之外，街道的宽度和长度，从上古到现在一直没有改变。

在离古道街东面的两公里处，也有一个闪光的人文亮点。那里曾经有一个声名远播的"宫保第"，是近代军事家胡林翼的住宅。胡林翼为官之后，功绩卓著，咸丰皇帝对他委以重任，给他加封了太子太保之衔，并将其住宅敕封为"宫保第"。

民国初年，蔡锷把他和曾国藩的治兵言论，编成了《曾胡治兵语录》一书。1943 年和 1945 年，八路军两次出版此书，《军政杂志》还把它翻成白话文多次登载。胡林翼为官期间念念不忘家乡的教育事业，并不惜重金创办箴言书院，为益阳学子营造了良好的学习条件。

此外，在乐善牌坊的附近，还有一个英勇抗战的爱国将领萧山令。他的住址离衡龙桥只有四五公里，抗战时期，他曾任南京卫戍司令。1937 年 12 月 10 日，日寇进犯南京。当时，国民党政府机关和文武官员均已撤离，城内只剩下了老百姓和萧山令的卫戍部队。南京防区总指挥唐生智坐镇江北，他知道萧山令的孤军无法与日军抗衡，就命令萧山令撤出南京。对于将令萧山令不敢违抗。但是沿江一带已找不到渡江的船只了，萧山令只好仍然坚守危城。他发动城内的市民参加联防，经过三天三夜的浴血奋战，萧山令既无退路又无援军，于12月13日全军覆没，萧山令也壮烈牺牲。他用自己的鲜血弘扬了我们民族的气节，谱写了英勇悲壮的赞歌。

一个小小的乡镇，在周边十里之内，有如此众多而又集中的人文亮点和深厚的文化底蕴，应该说是一种十分宝贵的资源。而且，这种高度集中的资源在全省都为数不多。同时，它又是一种财富，只要认真打造，装扮景点，形成景区，就可以吸引游客，转化为人文经济。

懒夹柳的奇闻妙用

莫晓阳

应该说，不少人对檐前屋后俗名为懒夹（益阳人读 gà）柳这种花的生长习性可谓了如指掌。但对它自古以来的奇闻趣事和有益人类的妙用，如果不做专题研究，可能又知者甚微了。

一、懒夹柳洗发的创始者

懒夹（gà）柳，书名为木槿花，又称白玉花、旱莲花、水昌花、藩篱花等。属锦葵科落叶灌木，产于我国中部，湘、苏、鄂、豫等省均有栽培，既作藩篱，又作观赏之用。

据说上古年代，轩辕黄帝在现在南洞庭的益阳地区（即今赫山区）开创了无为而治的第一个文明王朝之后，其元妃嫘祖带着玄嚣和昌意两个孩子住在岳家桥鸾凤山的山脚下。两个儿子喜欢追赶打闹，经常玩得满头大汗。那时无剪发工具，男男女女都留着长长的头发。尤为烦恼的是，头发经常要洗，却没有去污的洗涤用品，弄不好就头上生虱，或汗臭难闻。嫘祖对这两个贪玩的儿子实在有些头痛，天天给他们洗，也时常出现上述状况。嫘祖是个极顶聪明的女子，总想找一种能够去污的植物来解决这个问题，但她做了很多试验都没有成功。

轩辕大帝的两个儿子玄冀和昌意，跟着母亲嫘祖住在益阳县鸾凤山。
平时，两个孩子特别喜欢追赶打闹，身上经常汗臭难闻。

有一次，两个孩子又在自己家门口的荒草坪里互相打闹。她想狠狠地教训他们一下，就随手折了屋边上的几根懒夹柳枝条。而枝条上长满了青翠的叶片，有叶片打在身上软绵绵的肯定不怎么痛。于是，她就用手将枝叶全部抓住使劲去捋。那叶片却不容易与枝干脱落，捋了几次才捋下来。可能由于她抓得太紧，有些叶片的汁都捋出来了，沾在手上绵软而又柔滑，用鼻子一闻，还有一种独特的清香之气。她想，这种气味很好闻，是否能去汗臭呢？想到这里，她要试验一下，就把丢在地上的叶片都拿回家去用两手使劲搓揉，把汁全部挤出来，然后放进装了干净水的盆子里，将揉烂了的叶片滤去，再用剩下的水给儿子洗头发。洗了几次之后，果然很有效果，儿子的脑袋不但没有汗臭气味了，而且头发还乌光发亮。

于是，她自己也用这种方法来洗，头发也越来越柔润如丝了。就这样，她就把这个经验传给了整个部落。后来，人们不光用槿叶汁来洗头发，还用它来沐浴。尤其从隋、唐开始，无论是贵族还是平民百姓，都想使自己的头发靓丽、肌肤白净，因而更离不开槿叶了。因此，这一习俗长期风靡全国。直到 20 世纪 70 年代，还有很多妇女用槿叶来洗发和沐浴。通过现代科技手段检测发现，原来槿叶中含有对头发亲和性较强的氨基酸和原花青素，同时也富含人体必需的钙、镁、锌、铁等微量元素。

二、懒夹柳曾是我国的国花

尧帝时期，其辖域之东有一历山。这历山脚下长着三蔸不同寻常的木槿，高达两丈，亭亭玉立。每年夏秋两季，花开满树，璀璨夺目。有一年初秋，正值木槿花繁叶茂之际。当时，号称天下"四大凶兽"的浑沌、梼杌、穷奇和饕餮也慕名来历山游玩观赏。它们见了那几蔸花团锦簇、玉树临风的木槿顿生邪念，都想将名花移到自己的盘踞之地独自享受。而花只有三蔸，却不好分配。

于是，"四凶"在历山展开了一场互不相让的争夺战。斗了几个时辰，"四凶"及手下喽啰一个个都打得头破血流、丢盔弃甲。不过，它们还是把三蔸木槿连根挖了出来。也许是上天不容，"四凶"无福。木槿一倒，立时枝枯叶萎，花瓣和花蕊也顿时黯然失色。"四凶"一见，沮丧不已，知道搬回去也不可能复活，只得放弃了木槿，垂头丧气地离开了历山。

而正在历山附近耕耘的虞舜，听到关于木槿被挖和枯萎的消息，非常痛心惋惜。他马上邀集同伴赶到历山，吩咐众人将三蔸木槿重新扶正栽好。接着，又提水浇灌。说来也怪，三蔸木槿瞬息之

虞舜梦见三位仙女（即白天救活的三株木槿），跪在自己面前，称他为恩公。还告诉他，三人已奏请玉帝，以虞舜之讳为姓，分别为舜华、舜英、舜姬。

间又复活了，枝叶青翠欲滴，花容又艳丽如初。

　　当天晚上，虞舜梦见三位风姿绰约、如花似玉的仙子跪在他面前，称他为恩公。三位女子还述说她们都是上天百花神中的属员，也是虞舜白天率人救活的木槿。她们姊妹为了感谢救命之恩，已奏请玉帝，以虞舜之讳为姓，分别取名舜华、舜英、舜姬。说完，又深施一礼，莞尔一笑，飘然而去。虞舜惊讶不已。后来，唐尧见虞舜爱民惜物，贤良方正，就主动将帝位禅让给他。虞舜即位之后，将木槿移植新城。

三、懒夹柳名称的来历

到了唐代，武则天登基做了皇帝。有一年仲春，武则天心绪烦闷，带着上官婉儿去游览百花园。其时桃、李、杏、茶等花木都已盛开。尤其是那争芳斗艳的月季，更是不同凡响，开了又开。上官婉儿十分欣赏它们那种不惧严寒酷暑、月月照开不误的精神气质，便随口赞道："记得去年多一月，此花开过十三回。"二人游到花圃中央，发现木槿连花苞都没有，而园丁却在一个劲地为它们剪枝除草。武则天本来就精神状态不好，见木槿未开，心中不免恼怒，便心烦意躁地呵斥道："此花不必修剪，将它移至墙边，去做藩篱之用。"园丁一听，万岁开的金口，怎敢怠慢，只好很不情愿地将木槿移出花园，栽在园周的墙埂之上。

武则天与近臣上官婉儿游览御花园，发现木槿未曾开放，心中大为不满，就命园丁将木槿移出花园，让它去夹篱笆，所以，湖南人称之为"懒夹柳"。

从此，百花属员中的木槿被武则天无端贬为了夹建篱笆的木桩竹棍之物。因此，有的省市就称之为藩篱花或篱障花。这种称呼虽不怎么高雅，也不至于十分难听。倒是湖南人别出心裁，也根据其被贬和落魄之状为它取了个俗不可耐的别名——懒夹（gà）柳。同时，常德、益阳等地又有人称之为懒家柳。其实，木槿有十多个别名，但末尾往往都有一个"花"字。而湖南人却不用"花"而用个"柳"字，可能是把它喻为很不娇贵，无根无叶也能发新苗的杨柳，抑或是它替代了南方以前夹建篱笆常用的柳条杨枝吧！

乾隆皇帝与学士纪晓岚在御花园观花。纪晓岚看着百花争红斗艳，随口吟了两句"夺朱非正色，异种也称王"的对联。为此，还差点掉了脑袋。

谁知千年之后，有人因怜惜篱边木槿，而鸣冤叫屈，还险些搭上了自己的小命。传说清代中期，乾隆帝与大学士纪晓岚游览皇家的御花园。纪晓岚见园外围墙埂上的木槿花开得鲜艳烂漫，枝叶间还有蜂环蝶绕，心中已大有不平之色。走进园内，又见石榴、芍药开得一片火红。于是，随口吟曰：夺朱非正色，异种也称王。乾隆一听，以为纪晓岚是含沙射影，借花攻击被汉人称为外夷的清王朝，心中大怒，还差点要了纪晓岚的脑袋。幸亏纪晓岚自己能言善辩，才化险为夷。

不过，纪晓岚的话对乾隆有很大的启发。他想，既然汉族长期把清视为外夷，何不主动与汉族消除种族隔阂共享天下，连成一体呢？在这种思想的指导下，乾隆就大量起用汉人为官。而且，他还从多方面削减满族的各种特权，尽量做到朝野内外，满汉平等共治，和平共处。

四、懒夹柳的栽培方法

虽然木槿有不少奇闻趣事，但真正值得称道的还是它那鲜为人知的粗生易长和奇异的功能妙用。

木槿是自由生长成藩篱的极佳植物。适宜布置道路两旁、公园、庭院等处，可孤植、列植或片植。栽培也极为容易，可采用播种、扦插或嫁接等方法，每年仲春即可种植。最简便的方法是采用扦插，只要将一二尺长的槿枝栽入土中15厘米处或将健壮的槿杆切成三四寸长埋入土中，用脚踩紧泥土，并适当浇水，30天之内就能发芽生长。如果大面积片植，亦需播种长成幼苗后，以此法移栽。其生命力和适应性极强，无论南北均可培植。管理也非常简单，南方旱季以浇水保苗为主，4月对枝丫进行修剪和根部施肥，使其促发新梢，达到花开繁盛的效果。

木槿高2~4米，径多分枝，叶片互生，且是卵形或菱状卵形，基部呈楔形，边缘有不规则钝齿。每年夏、秋两季开花，但朝开暮

益阳绿海园林公司在赫山区笔架山大面积种植的木槿

谢。花朵单生叶腋，花形为喇叭状，直径约4~7厘米；小苞片6~7瓣，为线形，有星状毛；花萼针形；花瓣有银白、大红、水红、深蓝、浅黄等五色，而花瓣底部至花蒂均为深红色。木槿除花色多样之外，花瓣也有单生、丛生和叠生之别，可能这就是品种的差异了。但果实都是长圆形，长约两厘米，顶端有短喙，密生星状毛。种子褐色，故《月令》云："仲夏之月，木槿荣是也，结实轻虚，大如指头，深秋自裂，其子如榆荚、马兜铃之仁同形……"

五、懒夹柳的实用价值

据中医古籍《本草汇言》《中国药典》(1977年版)和湖南师大医学院赵冰清教授关于《木槿叶的生药学研究》等多种权威典籍、论文介绍，木槿是集药用、食用、观赏、绿化、纤维原料等多种价值于一身的木本植物。可以说，它全身是宝，槿花、果实、叶和皮均可入药。花和叶入药，能清热凉血，解毒消肿；果实入药，能清肺化痰，除毒止痛；茎皮和根皮入药，能散热祛湿，杀虫止痒。花和叶不光可以入药，还可以用来泡茶和食用，是烹调做汤不可多得的绿色营养保健品，味道也很鲜美。

益阳市笔架山木槿基地单株生长的木槿

除此之外，槿叶还有强大的去污功能。大概从东周时期开始，吴楚之地的豪门贵妇就有采摘槿叶揉汁，用来洗发和沐浴的习惯。由此还相继洗出了西施、昭君、大乔、小乔等一大群举世闻名的美女。后来周边地区也跟着效法，因此，此习俗逐步风靡全国绝大部分地区。到了魏晋时期，无论是贵族还是平民百姓妇女都想使自己的头发靓丽、肌肤白净，就更是离不开槿叶了。原来，槿叶中含有对头发亲和性较强的氨基酸和原花青素，同时也富含人体必需的钙、镁、锌、铁等微量元素。用槿叶汁洗头发，既能去屑止痒，又能使头发乌黑、柔润、光亮。

在人们日益追求自然，嫌厌危害人体的化工化妆产品的岁月，以现代科技手段完全可以将槿花、槿叶开发成纯自然的洗发精、护发素和美肤霜、沐浴露。而且，如果这些产品问世，无疑将会成为市场上十分紧俏的抢手货！

第三部分

相关作品

兰溪龙舟甲天下

莫晓阳

一、兰溪龙舟来自《咸池》之乐

由于史前文化的遥远和对史前文化的陌生，几千年来，我们民族形成了一个普遍的错误观念，总认为端午的龙舟活动起源于屈原或伍子胥年代，盛于隋唐。而据笔者《南洞庭轩辕文化之初探》和大学问家闻一多先生《端午考》的考证认为，这一活动可能始于原始社会新石器晚期黄帝的《咸池》之乐。其发祥之地应该就是南洞庭的赫山区(原益阳县)！

确实，唐代以来，我国的龙舟活动日益兴盛。为了追求完美，各地对船身的制作、场面的设置以及划船方法，无不千方百计地标新立异创造惊人之作。我见过不少地方的龙舟，也见过不少江河中的龙舟赛事，往往是初看上去似乎也有闪光放亮之感。然而，只要略微思索和比较很快就会黯然失色，总觉得没有一处比得上湖南省益阳市兰溪的龙舟，就连那些交口称赞、声名远播的龙舟也无法与其相提并论。因为兰溪就是赫山区境内龙舟文化的发祥地，也是全国龙舟活动的真正源头。现在，他们还传承了只有史前时期才有的木棍、竹片一样的站桡和高声演唱的《龙船歌》。划船目的也不是为了追悼屈原，而是通过精彩有趣的活动教化民众并锤炼水手团结一致的拼搏精神和吸引岸上的观众。

不过，直到今天兰溪龙舟还如同"养在深闺人未识"的绝代佳人，外地人丝毫也不了解，而本地人又并未品味出自己龙舟的精彩和巧妙。因此，才埋没了堪称华夏一绝的、甚至是天底下最为灿烂的龙舟文化。

这样说，并非言过其实和哗众取宠，而是不折不扣并恰如其分。因为兰溪龙舟不管从哪个角度讲，都有其熠熠生辉和引人入胜的特色。

二、龙舟设计与划船方法别具一格

首先，人们在制作龙舟的设计上就匠心独具。兰溪的船身至少在25米以上，而腰宽却不到1.6米。船头与尾部尖窄而又高翘，看上去好像有小巧之嫌，却又不失威严之态。划船时，还要挂一颗雕刻精细的长颈、木质垂须龙头。船舱的划分，是按天上的星宿或神佛之数而定。一般是28舱，据说是应28宿之数；多的有32舱，是应28宿和四大天王之数，最大的有36舱，是应36天罡之数，这种船需要140多个水手。少的也有24舱，是应24位诸天之数。任何一种规格的龙船，长、宽的尺码必须有个五的尾数，长有个五，宽有个五，就正好应了五月初五的双五节。船的中间有两根粗大的木方在舱面连接头尾，与船舱成井字形。这种木方的设置，一是加固船身，二是为划站桡的水手提供站立之处。

兰溪龙舟除前四后三共七舱之外，每舱有四个水手，即两坐两站。船舷的外侧和桡板还用油漆画上大片醒目的鳞甲。每年四月下旬，龙船就开始下水。下水的第二天，人们就依照传统的祭祀方法请礼宾哼读告文，用三牲酒肉祭祀龙头，祈祷水手平安和划船胜利。有的还在船艄(即舵)的最中部位画一太极图作镇邪之物。

划船工具——桡板的制作过程也别具一格。兰溪龙舟有两种桡板，一种是坐桡，一种是站桡(兰溪人称为插桡)。坐桡又短又宽，拿桡的水手都是坐在舱面的井字横线上，故称为"坐桡"；站桡又长又窄，拿桡的水手一只脚站在舱面的井字竖线上，一只脚踩在

正在制作的兰溪双桡龙舟，其设计在全世界都是独一无二的。舱面有两根方木连接龙船的头尾，与舱面形成井字形。这种设置是给两边划站桡的水手提供站立之处，使其一只脚踩在船舷边，另一只脚踩在这根方木上。而其他省市的单桡龙舟，舱面都只有一根方木，与舱面形成的是若干个十字架。

船舷边。不过站桡队只在龙船竞赛或转圈时下桡，其他时间都是让坐桡水手去划，而他们只把两米多长的桡板倒竖在自己脚边的井字方上，随着锣鼓和龙船歌的节奏做前后摆动之状。这样一分工，坐桡水手就成了船上的常备队，站桡水手成了增援队。

显然，这种站桡是史前时期的划船工具。当时还没有龙船，只能用木牌竹筏当船用，水手也只能站着划。至于坐桡，那是到了汉代有龙船之后，水手的脚可以放在船舱内，才产生的另一种划船工具。

除了坐桡和站桡，还有一种甩桡，兰溪人称为"晏桡"。甩桡

兰溪龙舟下水时要用三牲酒礼祭拜轩辕大帝和洞庭龙王。这里摆上了三种桡板：长的是站桡，宽的是坐桡，最前面画太极图的是甩桡。这些桡板的安排，在全世界都是独具一格的。

形状和坐桡一样，背面画鳞甲，正面画太极图和八卦。四个水手举着桡板分别坐在船头的第三间和第四间的舱面上，紧靠船舷，两手紧握桡把，依照锣鼓的"咚锵"之声，在空中做180度前后甩动之状。甩到前面的终点时，桡板正好落在鼓声的"咚"字上；甩到后面的终点时，桡板又正好落在锣声的"锵"字上。桡板一闪一顿，水手的身子也跟着前俯后仰，那种形态与舞台上演员的唱、念、做、打所应的锣鼓毫无区别。有的甩桡在进入比赛时像站桡一样增援坐桡，有的则自始至终只做甩桡动作。这种甩桡的安排在整个船上起到了画龙点睛的作用，无异于一幅精美的书画作品上加盖的一个红色金石图章，看起来韵味无穷，这就是兰溪龙舟的特色之一。

兰溪龙舟活动有两个内容：一是展示自己的靓丽风姿；二是竞渡。展示时，要举着黄罗伞盖和彩色长幡，在江中演唱《龙船歌》或山歌。

三、舱面安排超群脱俗

其次，在场面设计上也是自成一体、与众不同。任何地方的龙舟只是一种纯粹单一的体育运动的竞争。其激烈场面和比赛结果也像其他体育运动一样，无非是给观众精神和视觉上的紧张和刺激。尽管这种运动带有浓厚的纪念性色彩，但始终与文化艺术挂不上钩，甚至还风马牛不相及。而兰溪龙舟不同，从头到尾处处都体现了温馨醉人的文化艺术之特点。众所周知，我们民族很多活动的号令器就是锣鼓，以锣鼓来统一动作发号施令。但用锣的则

兰溪龙舟下水时要用三牲酒礼祭拜轩辕大帝和洞庭龙王。这里摆上了三种桡板：长的是站桡，宽的是坐桡，最前面画太极图的是甩桡。这些桡板的安排，在全世界都是独具一格的。

不用鼓，用鼓的则不用锣。划龙船当然也需要统一，不过，一般都是用鼓来统一的。兰溪龙舟却打破了这种古今不变的惯例，他们为了增添船上的艺术色彩，继承了轩辕时期《咸池》中"击石拊石"的竞渡传统，大胆地开创了锣鼓并用的先河，使其形成了一种和谐且富有运动节奏的"咚——锵——咚咚锵——"的专用于划船的打击音乐。这种音乐非常独特，无论远近，也无论在什么场地，只要听到这种声音，就连三岁小孩都知道这是兰溪地域的龙船鼓，听起来极为舒畅，甚至还会不由自主地产生一种站在大堤上看龙船的感觉。

从枫林桥下划出来的龙船

为了加强活动气氛和鼓励水手，船尾还配备有若干支三眼铳助威。一般情况下是断断续续地放，一进入比赛，则如连环炮响，声音又大得出奇，十里之外都能听见，火药冲击的气浪把船尾高挂的绣龙三角绲边旗冲得一招一展。旗帜的颜色是按金木水火土五行之色而定，旗面都绣着该船所属行政地域之名。水手着装之色又与该船旗色一致，头上还系着一块像太平军一样红色或橘黄色的头巾，看起来既整齐划一，又有艺术风采和地方特色。明清时期，还有特别讲究的龙舟，水手在竞赛之前举着几条红红绿绿的长幡和一把杏黄色伞盖在江中来回展示自己的靓丽风姿。

尤为完美的是：兰溪龙舟都在中舱竖一根比大拇指粗的、四五米长的竹竿，竹尾留着浓密青翠的枝叶，在船头用一根绳子连接竹竿的中部。划船时，一个手持蒲扇、揩花脸、着彩装的小丑式人物即粉墨登场。小丑站在第七舱的井字方上，手舞足蹈，并根据锣鼓的节奏一边高声呐喊："嗬喂，划董！"一边使劲上下摇蒲扇，还一边将绳子一拉一放，竹尾的枝叶也随着一弹一闪。兰溪人称此为"打闪篙"。打闪篙并非画蛇添足之举，而是恰到好处的艺术安排，它与电视剧里济公手中的道具——烂蒲扇及摇扇的动作有异曲同工之妙，使人有情趣盎然之感。

同时，在小丑身边的第六舱舱面上还配有一个手持折扇或彩巾的年轻花旦，花旦边舞边唱龙船曲，唱的内容都是兰溪龙船歌和山歌。花旦前靠龙头的位置还站着一个面对水手、嘴含口哨、两手挥舞令旗的指挥官，其动作和姿态比交响曲的指挥员更为生动有趣，但他并不负责指挥。真正指挥全船的是司鼓手，这个人物的设置也与甩桡和打闪篙的人一样，是作表演用的。以上一系列独特的带有艺术性的表演把两岸观众都陶醉了。这就是兰溪龙舟的特色之二。

四、竞渡和演唱展示妙趣横生

此外，在水手划船的方法上更是别开生面。任何一条龙船初次进入观众集中点时都要吹唢呐曲牌《朝天子》朝拜轩辕，同时还要抛撒粽子、糯米入江。然后再转两个圆圈，转圈与比赛一样，要全力以赴，锣催鼓急，铳炮喧天。其目的之一是向观众报到，其二是显示自己的威力，其三是朝拜洞庭龙王。随后水手在江中不紧不慢地来回划游船，进行表演，并寻找对象对唱山歌。

兰溪人很懂艺术，把演唱看得比赛事还重。像站桡队，与其说是增援补充队，倒不如说是演唱艺术队更为恰当。水手们手持倒竖的桡板，一边有节奏地做前后摆动，时而又变换造型姿态，作左右摆动；还一边高声领唱轻松欢悦的龙船歌："龙船喏——鼓响哪——闹哇洞喏庭哩。"接着，全船人和声合唱："划啦划咿呀哩——划啦划咿呀嗬嘿!"为了添加更多的艺术含量，船上的唢呐队自始至终跟着伴奏。整个江面的鼓乐声、铳炮声、歌唱声汇成一体，如同一支欢快、雄浑的交响曲。

有的水手还故意尖着嗓门用高八度的声调夹杂其中，更是妙趣横生。歌词自然是雅俗共赏。曲调虽然简单且只有一种，但百听不厌，应不失为高雅之作。不过，笔者乐理知识浅薄，无法阐述雅在何处。当然，对于歌词也只是略知一二，但还是看得出其内容丰富生动，又富有形象。像"新造龙船两头尖，敲锣打鼓到江边；插桡下水拼胜负，歌声响亮震云天"。这首龙船歌虽然只有四句话，但把兰溪龙舟的锣鼓、插桡、船歌等几大特点都真实地反映出来了。

更为有趣的是，龙船歌中还夹杂着本地情歌。像"情郎哥哥上龙船，划到小妹眼跟前；你我偏爱龙船曲，江中岸上两心连"。还有"大雨不落小雨稀，郎在外面喊蓑衣；妹说我的哥哇，蓑衣还在棕树上，斗笠还在竹山里，小妹还在娘屋里"。以及"妹爱耍来郎爱撩，游刁子爱耍水面上飙；吕洞宾爱耍游四海，娇莲姐爱耍伴郎妖"。这些歌词，都是反映男女互相爱慕的地方山歌，居然也在龙船民歌之列，实在是举世无双的雅趣。谁都熟悉高亢、抒情的兰溪山歌早就闻名遐迩，因为它也是产生于兰溪龙舟的同一时期，而且二者都是来自中华民族最早的文化活动——《咸池》之乐。因此，二者一直互相通融。

2018年兰溪双桡龙舟在资江沙头地段竞渡(熊国昌　摄)

各船演唱之后，接着就是竞渡。兰溪地域竞渡不是其他省、市那种短距离的赛船。他们的划船目的主要是锤炼水手的拼搏意志和增强他们的凝聚力，赛程起码是三公里，如果拖长水，则在五公里以上。有时七八条船同时争竞，铳炮之声立即振聋发聩，船尾的江面上伸吐着长长的火舌，一股股硝烟腾空而起。各色船队都是你追我赶、夺秒争分，时而齐头并进，时而三前五后、逐渐拉开距离。而落伍者一点也不示弱，司鼓手把鼓一紧，连环铳马上"轰隆轰隆"跟着助威鼓舞士气，水手们借着铳炮的反推力，一声发喊又风驰电掣地飞速而上。真是彼似长蛟猛进，此如巨蟒狂奔，下桡齐刷刷，着力劲冲冲。整个赛场桡翻水沸，铳炮齐鸣，大有气逼九重，威凌五岳之势。划到两三千米时，水手们一个个都是气喘吁吁、汗流浃背了。有的胳膊酸痛得无法抬举，有的手掌布满了血泡，有的眼睛被汗水蒙刺得睁都睁不开了。但这时候，谁也不愿偷懒泄气而影响本船的进展，在鼓声和铳炮声的催促之下，只能咬紧牙关，抖擞精神坚持到底。

两岸观众无论男女老少也跟着高声呐喊，一边助威，一边紧追不舍地观看热闹，这就是兰溪龙舟的特色之三。

以上特点可以说是兰溪人民别出心裁的独创。正是由于这些异乎寻常的独创，才改变了兰溪龙舟单一的体育运动竞争的性质，融汇了大量的文化艺术成分。兰溪龙舟既是体育活动的竞赛工具，又是文化艺术的表演舞台。划船的水手既是运动健将，又是演唱艺人。他们给观众精神和视觉上的感受自然也是多层次多角度的。如果仔细品味了兰溪龙舟的人，一定会领会出赏心悦目这个成语的真实含义和境界，也一定会激动地发出"此乐只该天上有，人间再到何处寻"的感慨。

如此载歌载舞、文体兼备的高品位龙舟活动，是国内外所有龙舟中鹤立鸡群的佼佼者。即使再精彩的龙舟，也不可与其相提并论，他应该是天下之最！

龙舟赋

莫晓阳

  益阳古县；楚国边城。轩辕开国于斯，作《咸池》①而化民感物；嫘祖②绩麻在此，造服饰而御冷遮身。首开端午划船之举；又创洞庭竞渡之风。遂成民俗，四方效法；尤胜乡规，千古传承。

  天下龙舟，数番演变，尽是船小人稀，俱显寒微之气；江中赛事，几度更新，单为标争锦夺，全无高雅之形。

  而资江尾闾，兰溪之舟，风姿别具，妙趣横生。舟长十丈；桡

---

① 《咸池》：系新石器晚期人文始祖黄帝所作，是一个糅合了文艺与体育在一起的水上活动。据司马迁《史记》记载，黄帝曾"南至于江，登熊湘"，而"熊湘"即南洞庭益阳县的青秀山。该山现在还保存了一块刻有《熊湘山记》碑文的汉白玉石碑，其碑文也是确定青秀山即黄帝所登的熊湘山。《庄子》也有记载："帝张《咸池》之乐于洞庭之野"。据当代学者考证，"洞庭之野"就是出土了新石器晚期三把独特石斧的笔架山新兴村。该村与青秀山相隔只有 10 多公里，离兰溪只有六公里。

② 嫘祖：黄帝元妃。西陵昆仑氏人。她随黄帝东讨西伐、南征北战，最后在南洞庭的益阳县扎根，共同创立国家统一民族。她利用当时只有南洞庭才独有的苎麻像织毛线衣一样织出了一件件的麻衣麻裤。这一创造结束了人类长期以来靠兽皮树叶遮身的历史，也改变了益阳人靠"麻披"遮羞御寒的习俗。

列三重①。划分舱间之数；上合天宿之星②。头翘尾窄；舷厚底深。艄中③描太极；船首挂雕龙④。抹角坐桡图八卦⑤；绲边彩斾应五行⑥。

每逢端午节；惯聚大江东⑦。面和风之习习；沐丽日之融融。数十巨舟，长幡并举、伞盖高擎争靓丽；几千水手，笑面同开、头巾巧挽抖精神。震地锣鸣兮，急水滩前飞霹雳；惊天鼓响兮，烟波江上滚春雷。画鳞桡板戽绿水；绣字旌旗卷东风⑧。一通锣鼓⑨，先朝黄帝；两道圆圈⑩，后拜龙君。甩桡⑪闪闪开河道；唢呐声声上

---

① 三重：兰溪的龙船有三种桡板。一种是晏桡(即甩桡)，水手坐在船头两排，桡板并不入水，只在空中甩动；第二种是插桡(即站桡)，水手都是站着划船，桡板又长又窄；第三种是坐桡，水手靠船边而坐，桡板呈四方状。

② 上合天宿之星：兰溪制作龙船时设计的舱数是按天上的星宿而定。像二十四舱，是应二十四位诸天之数；二十八舱是应二十八宿之数；三十二舱是应二十八宿和四大天王之数；三十六舱是应三十六天罡之数。

③ 艄中：艄即舵，舵的长度有十米左右，要在二分之一的部位画一太极图作镇邪之用。

④ 雕龙：划船时，船首安装一个雕刻精细的长颈垂须龙头。

⑤ 图八卦：坐桡的桡板背面画龙鳞，正面画八卦。

⑥ 应五行：各龙船的旗色按金木水火土五行之色而定，水手服装又与旗色一致。

⑦ 大江东：兰溪、沙头水域乃资江下游东部，南洞庭的边沿。

⑧ 绣字旌旗：大旗上绣该船地域单位之名。

⑨ 一通锣鼓：兰溪的龙船锣鼓并用。第一通锣鼓形成的打击乐是在资江与兰溪河的交汇处——荷花潭，朝拜轩辕黄帝。

⑩ 两道圆圈：各地龙舟都要在荷花潭转两道圆圈朝拜洞庭龙王，以求水手平安。转圈时与比赛一样，铳炮不绝，站桡下水。古时，还要抛撒粽子等食品入江，供河伯水神各自食用。

⑪ 甩桡：坐在最前面的两排，桡板只作大幅度的甩动，并不入水。

太清。船头彩旦，舞扇挥绢歌小调；舱面闪篁①，摇枝摆叶弄轻风。站桡倒竖②兮，爽心乐奏龙船曲③；桶鼓频捶兮，助势炮惊水底宫。对唱山歌，乐矣趣矣，江上平添雅韵；轻划桡板，悠哉游哉，船中倍见闲情。数番展示显风采；几曲高歌奏太平。

蓦然锣鼓紧，相接炮隆隆。参赛站桡齐下水；助威呐喊共缭云。百二须眉④，奋力挥桡征急浪；三千水路⑤，盘涡转汹试群英。护垸长堤人似蚁；赛舟健将气如虹。下桡齐刷刷；着力劲冲冲。牙关紧咬；臂膀翻腾。竭尽个人挑土砍柴之力；汇成群体移山造海之功。翻江舵转舟行急；搅海桡划水倒流。九舟共竞；廿铳齐鸣。硝烟腾玉阙；火舌舔江心。你追我赶；虎斗龙争。红队才超四五米；黄旗又越两三弓⑥。催桡鼓更急；发令号尤洪。摺弯抢嘴；破浪冲风。威凌五岳；势捣九重。落伍蓝船舍命赶；离群白纛率先冲。人人施奋勇；个个展雄风。口中气喘喘；头面汗淋淋。六里划船拼斗志；八仙过海显神通。超前甩后；夺秒争分。彼似长蛟猛进；此如巨蟒狂奔。气壮立时翻云梦；神威顷刻倒洞庭。

江天鏖战激；河畔笑谈轻。老叟开怀涎欲滴；顽童跐足目常

---

① 闪篁：兰溪龙舟要在舱中竖一根四五米长的比大拇指粗的竹竿，尾部留着青翠枝叶，船头一根绳子系在竹竿中部，一个丑旦按划船节奏一边摇蒲扇，一边扯绳子，一边高声呐喊："嗬喂，划咚！"

② 站桡倒竖：这种桡板一般情况下都不划船，水手都把桡板倒竖在脚边进行演唱，并按演唱的节奏，作左右摇摆或前后抖动之状，只有在比赛时增援坐桡。

③ 龙船曲：兰溪独创的专用歌曲。富于抒情，节奏感强，演唱时分领唱和合唱，有时还进行对唱。

④ 百二须眉：该地龙舟气势磅礴，每条船有水手一百二十人左右，益阳人称之为真龙船。凡是水手在八十人以下者，则称为假龙船。

⑤ 三千水路：即比赛路程，一般是三千米。

⑥ 弓：丈量工具。一弓是五尺。

凝。堤面人流滚滚；江坡喜气盈盈。摊卖小商道上摆；岸迎长炮水边鸣。帅男持扇随船赶；靓女挥巾结伴行。少妇携儿兮，手扯肩推人中挤；老娘伴子兮，眉开眼笑堤下蹲。才赏游船①而怡情悦目；旋观赛事则动魄惊心。

三镇②龙舟，穷冲恶赶，久待东江争霸主；满腔豪气，猛进狂飙，终归白队占鳌头。前方达线③桡已举；后者争魁兴犹浓。两岸欢歌塞道；一江凯乐缭空。

尤为贵矣，非因竞渡争荣誉；岂不雅乎？却在联谊表赤诚。以船会友；借赛传情。两岸和谐舟上结；一方雅俗浪中凝。提升湘楚之闪光文化，锤炼炎黄之拼搏精神。

如此龙舟，既歌且舞，顾体兼文④。内涵何其丰富；底蕴宁不深隆？足以品立瀛寰之最；更当位居华夏之尊！

---

① 游船：即龙船。兰溪的龙船除比赛竞渡之外，还要进行演唱。演唱时称为划游船。

② 三镇：即资江下游两岸的兰溪、沙头、龙光桥三个镇。

③ 达线：赛程终点设置在水面的标记。

④ 顾体兼文：即体育文艺二者兼顾。

字里行间见真功

——读《龙舟赋》的几点感慨

龙爱冬

在我国文学史上，赋从汉代就开始盛行，因其要求严格，到了现代几乎已是销声匿迹了。近来，却看到了莫晓阳先生写的《龙舟赋》。我不无好奇地读了几遍，而且还顿生惊喜之情，觉得此赋不管从哪个角度讲都是一篇十分难得的传世之作。因为，该文有以下三个方面的特点。

第一，《龙舟赋》简洁精练，却又形象生动。全文虽然只有千把字，但作者集中了笔墨，把兰溪龙舟的历史渊源及划船状况作了简要的介绍和细致的描绘，向社会推介了名不见经传的兰溪双桡龙舟品牌文化的特色，挖掘了兰溪龙舟深层次的文化底蕴。像"舟长十丈，桡列三重……抹角坐桡图八卦；绳边彩饰应五行。"及"船头彩旦，舞扇挥绢歌小调；舱面闪篙，摇枝摆叶弄轻风。"等等，无一不是举世无双的文化品牌。其词句又是异乎寻常的洗练和亲切，没有半句冗言赘语。就连每年两岸数万观众看船，作者也只用了百把个字来描写。文字虽然不多，但写得非常生动。像"老叟开怀涎欲滴；顽童踮足目常凝"和"少妇携儿兮，手扯肩推人中挤；老娘伴子兮，眉开眼笑堤下蹲。"把数万观众中男女老少各类人物的看船形态写得淋漓尽致、惟妙惟肖。而且，只有寥寥数言，真可谓是惜墨如金了！

然而，作者对划船现场富有感情的真实刻画却又泼墨如云。像"站桡倒竖兮，爽心乐奏龙船曲；桶鼓频捶兮，助势炮惊水底宫"和"下桡齐刷刷，着力劲冲冲。……撂弯抢嘴，破浪冲风。"等等。这些形象细致的描绘，使读者大有身临其境之感。

自古以来，文人的传世之作几乎都是描写的自然景物。因为写自然景物的辞藻本来就很秀丽，容易形成读者的美感而获得赞赏。而《龙舟赋》不同，作者是描写的一种民俗活动的热烈场面。谁都知道，场面描写一般都难以把握，而作者却写得非常成功，词句也十分优美、亲切，一点也不比那些描写自然景物的千古绝唱逊色。我虽然不是兰溪人，但看了此赋，也有一种站在大堤上看龙船的感觉，甚至分不清自己是在看龙船还是在看文章。

第二，《龙舟赋》在遣词造句方面，无论是平仄还是声韵，都很有讲究。全文从头至尾都是用的对仗句，且绝大部分是工整的对仗。像"对唱山歌，乐矣趣矣，江上平添雅韵；轻划桡板，悠哉游哉，船中倍见闲情"。这两个并列的句子，完全是一幅十分标准的对联。整个《龙舟赋》就是用这种长短不一的对联组合而成。

并且，对联与对联之间又能做到浑然一体。像开头的"轩辕开国于斯，作《咸池》而化民感物；嫘祖绩麻在此，造服饰而御冷遮身。"及"首开端午划船之举；又倡资江竞渡之风"。这两首对联语句和文意的连接简直天衣无缝，像写白话文一样，显得十分流畅。在段与段之间的转折之处也是用对仗句进行承上启下的过渡。像"江天鏖战急；河畔笑谈轻"及"尤为贵矣，非因竞渡争荣誉；岂不雅乎，却在联谊表赤诚"。这两首对联笔锋一转，又描叙其他事物，居然与上一段的内容衔接得自然而又贴切，毫无脱节之感，行文又干净利落。

尤为难得的是，作者为了便于朗诵和吟唱，采用了诗词体裁的韵文写法。虽然作者使用了"人辰"和"中东"两个韵，但两韵读音相近，仍不失声韵之感。这样长的文章，能自始至终用押韵的对仗句来完成，在我国文学史上都是凤毛麟角。当然，也由此可见，作者的文学水平和驾驭文字的能力达到了炉火纯青的地步。

第三，此赋没有单纯地为龙舟而写龙舟，而是在探寻和捕捉这一民俗文化除历史意义之外更为重大的现实意义。作者以敏锐的眼光和精辟的见解总结了划船活动是在而且必须"竭尽个人挑土砍柴之力；汇成群体移山造海之功"。这两句话，既是颠扑不破的真理，也将是传世之名言！我国古代虽然早有"众志成城"之说，但这句成语没有指导人们操作的具体方法，往往难以达到预期的凝聚效果。而《龙舟赋》写得非常明确，要"竭尽个人挑土砍柴之力"。也就是说，船上的每一个人，不管是缚鸡之力还是拔山之力，都只有毫无保留地奉献出来，才会达到团队合作的"移山造海之功"。这是对整个社会中的每一个人何等明确细致的提醒和指导呢？

作者对现场作了合理描写之后，紧接着来了个意想不到的点睛之笔："两岸和谐舟上结；一方雅俗浪中凝"和"提升湘楚之闪光文化；锤炼炎黄之拼搏精神"。虽然文字不多，但把划船的目的和意义提到了"和谐"及"锤炼"四字之上。把一个司空见惯的民俗活动推到了一个新的高度，注入了新的内涵，并使此段成了全文闪光的亮点。

文章写到最后，作者对兰溪龙舟做了十分简要的总结和概括："既歌且舞，顾体兼文。"当然，这也是兰溪龙舟与众不同的独特之处。接着又以议论收篇："足以品立瀛寰之最；更当位居华夏之尊！"我国的龙舟竞渡，从新石器晚期黄帝张乐于洞庭之野的《咸池》活动开始，至今已有4000多年历史了。累计起来文豪都是成群结队，但谁也没有写出一篇描写和记述这一特大民俗活动的高质量文学作品传世。应该说，此赋就是填补这一历史空白的精品力作！

我虽然也曾经爱好文学，读过不少辞赋，也写过一些文章，但从政多年，已很少与文学接触了。如此评点晓阳先生的高雅之作，可能要贻笑大方了。

（作者系中共益阳市委原副书记、巡视员。）

桂妹子招亲

（山歌情景剧）

莫晓阳

【场景：枫林桥。远处背景：也是枫林桥。桥前河中有双桡龙舟竞渡。

【桂妹子上。

桂妹子 （向内）姐妹们哪，我桂妹子今朝约哒（dǎ）到枫林港桥去招亲，你们还在屋里艾（挨）摆子？

【内应：来哒，来哒哩！女甲乙丙同上。

女　甲 大家快点行动。那招亲的小伙子把龙船都划到桥边上了。我们招亲评委会，要严格把关。

【狗伢子与男甲乙丙手拿站桡划龙船上。大家放下站桡上岸。

女　乙 晓得嗟。（上前阻拦）呃（è），慢点慢点。你们是来招亲的啵，哪个是狗伢子呐？

狗伢子 （腼腆地）哎，就是我咧！

女　丙 哦。（上下打量）后生子还是有蛮周正啦。喋，这就是我们桂妹子。

【狗伢子与桂妹子相视一笑。

女　甲 我们桂妹子哩，父亲是双桡龙舟非遗传承人的主要代表，要招一个上门女婿来弘扬这个文化。所以她不选家财学历，只要后生子周正，划得双桡龙船，唱得兰溪山歌就可以中选。

狗伢子　好哇！(招呼男众)来来来，大家都退后一点。

女　丙　桂妹子，你就开始提问呐！

桂妹子　好！(给男众打了个请手)请听。

(唱)哎——

　　　　对面的后生子站一群，

　　　　年轻力壮好精神。

　　　　小妹我招亲有讲究，

　　　　山歌对唱你行不行？

狗伢子　(给女众打了个请手)

(唱)哎——

　　　　桥边的美女你听清，

　　　　我学山歌学哒(dǎ)十几春。

　　　　假如唱不得四五载，

　　　　哪敢枫林桥上来招亲。

女　乙　呃呀，听你这口气还不小哇！

男　甲　(底气十足地)嘿，实不相瞒，我们是七岁伢几看哒(dǎ)八年牛。

女　甲　那我又告诉你啦，我们姐妹也是洞庭湖里的麻雀，是见过几个风浪的。

女　乙　桂妹子，继续唱，给他出几个难题。

桂妹子　(点头)嗯。

(唱)哎——

　　　　华夏的王朝谁首创，

他为何来到南洞庭？

到此又把什么作，

感天动地化万民。

狗伢子　（微笑）哦，咯（guó）是小儿科哩！

（唱）哎——

轩辕最早开帝业，

追剿蚩尤驻洞庭。

《咸池》张乐湖滨地，

龙船歌舞化万民。

女　丙　哎，狗伢子，你就单唱那首全国有名的兰溪山歌《绿鸟几，绿肚皮》要得吧？

狗伢子　（爽快地）要得呐！

（唱）绿鸟几呀绿肚皮，

绿绿姣莲哪穿绿衣。

绿绿情哥买把绿扇子送绿姐，

绿姐拿哒扇绿扇，扇绿扇。

桂妹子　（拿出一把绿折扇，边走边唱）

（唱）扇绿扇，扇……

女　乙　（上前拦住）呃，莫急莫急！你就咯（guó）样扇得狗伢子一起去哇！

桂妹子　最难唱的山歌，他都唱得咯（guó）样好，要得哒（dǎ）啦！

女　丙　不行！我们评委通不过！

桂妹子　这枫林桥几千年来都是男女青年相亲相会的地方，你们要干涉我的婚姻啦？

女　甲　呃呀，你还有蛮犟啰，拿"圣旨"给她看。

女　乙　是！（从袋内掏出一张红纸，走近桂妹子）你看喏，这是

　　　　你耶(yā)老子写给我们的全权委托书,你敢"抗旨"不成?

桂妹子　不敢。好! 就按你们的运作。

女　甲　是的啰! 下面就测试划双桡龙船。

男　乙　(拍胸口)那就试得我们饭碗里来哒!

女　乙　嘿,你现在吹牛皮,等下出洋相!

桂妹子　我们兰溪龙舟,最大的特点是一边划船,一边唱山歌。尤
　　　　其还要使用站桡,你又晓得划啵哩?

狗伢子　既然是招亲测试的主要内容,那我就试一试呐!

　　　　【狗伢子拿一把站桡倒竖在自己的右脚边上,随着锣鼓的
　　　　节奏做前后摆动之状。同时,其余七人也拿着桡板分成
　　　　两队,跟狗伢子做同样的动作。狗伢子领唱,众人跟着
　　　　合唱。

　　　　【此段唱腔要使用唢呐、铳炮和龙船锣鼓。

狗伢子　(唱)情郎哥哥上龙船,

　　　　　　划到小妹眼跟前;

　　　　　　你我偏爱《龙船曲》,

　　　　　　江中岸上两心连。

　　　　　　哦——喂。划——咚!

桂妹子　这龙船歌,据益阳的资深学者考证,是从原始社会黄帝的
　　　　《咸池》之乐中传承下来的。全国都只有兰溪人晓得唱,
　　　　你在哪里学的?

男　甲　你还不知道? 狗伢子的外婆屋里就是兰溪的呐。

桂妹子　哦,难怪啰!

女　丙　桂妹子,管他是哪里的,你只管拿出你的拿手功夫来。

桂妹子　好!

　　　　(唱)哎——

> 兰溪龙舟是哪个年代起,
>
> 至今已有多少春?
>
> 当时无船划何物,
>
> 手划什么到如今?

狗伢子　嘿,问得好。

　　　　(唱)哎——

> 兰溪龙舟是轩辕年代起,
>
> 已有四千七百十四春。
>
> 那时都把竹排当船用,
>
> 手划站桡到如今。

女　乙　(尖刻地)桂妹子,你还咯(guó)样慢条斯理打家务港(讲)啦?

女　丙　(把胸脯一拍)等我来!

女　甲　(挡住)你逞什么性?真是皇帝不急,太监急啊!

　　　　(转向桂妹子)桂妹子,给他紧鼓呐!

桂妹子　好哩!

　　　　(唱)哎——

> 后世何时把船造,
>
> 哪种桡板应运生。

狗伢子　(唱)汉代开始把船造,

> 坐桡正好应运生。

桂妹子　(唱)何时各地皆仿效,

> 只学哪种桡板赛输赢。

狗伢子　(假装地)这这这,这个问题有好难,看样子,我只能打退堂鼓了。

女　丙　(得意地)怎么呐,对不上啦?刚才都喷得劲只达哩!

女　乙　我晓得会出洋相啰。

女　甲　告诉你们哪，这枫林桥招亲，冇（mǎo）得满肚子学问，你来都不要来。

男　甲　呃呀，咯（guó）点鬼妹子真是得势不饶人啦！

男　乙　你看她们讲话，硬像那尖嘴巴毛虫一样，又生骨头又生刺咧！

女　乙　桂妹子，既然他对不上。我们就打道回府。
　　　　【四个妹子装着要走的样子。

狗伢子　（急忙挡住）呃，慢些慢些。

男　丙　（冷笑地）嘿，你们以为狗伢子真的回答不出啵？他是要试你们的哩！

女　丙　（疑惑地）原来狗伢子是弄垮（作弄）我们啰。好哇，你这个倒毛鬼，有本事，继续唱呐。

狗伢子　各位请听：
　　　　（唱）隋唐各地皆仿效，
　　　　　　只学了坐桡赛输赢。

桂妹子　（唱）哪里人划船把歌唱，
　　　　　　又有铳炮震九重。

狗伢子　（唱）兰溪人划船把歌唱，
　　　　　　铳炮助势震九重。

桂妹子　（唱）哪里的龙船长又大，
　　　　　　坐桡站桡排两层。

狗伢子　（唱）兰溪的龙船长又大，
　　　　　　一百多水手显威风。

桂妹子　（唱）自古龙舟黄帝兴，

狗伢子　（唱）寻根就在《咸池》中。

桂妹子　（唱）多少年来谁识得？

狗伢子　（唱）只有兰溪久传承。

女　乙　（夸赞地）这狗伢子肚子里真的有货哇！

男　丙　我们冇（mǎo）吹牛皮吧？

桂妹子　（喜笑颜开地）好哇！

　　　　（唱）你唱得好来答得准，

　　　　　　两场测试得满分。

　　　　　　这个姻缘前世定，

　　　　　　我今选上意中人。

女　甲　对面的狗伢子，今天测试，我们评委全票通过，到桥上来
　　　　提亲呐！

　　　　【女丙入内拿彩带红花上。

　　　　【男众上枫林桥。

女　丙　姐妹们咧，都来帮忙给狗伢子佩上彩带红花。

　　　　【狗伢子佩彩带红花亮相，并与桂妹子双手相握。

女　乙　姐妹、帅哥们啦，今天桂妹子招亲圆满成功，我们就唱一
　　　　首兰溪一领众和的小调山歌《四六调》好不好？

众　人　好！

众　人　（唱）兰溪山歌唱得春心动，

　　　　　　龙船划得感情深。

　　　　　　不是轩辕来牵线，

　　　　　　哪有枫林桥上许终身。

（幕落）

十二月望郎

（兰溪田头山歌）

赵清明　曹杏先　演唱　　孟冬月　整理改编

正月望郎，郎不来，
我满腹疑团解不开。
妹说我的哥哇！
一坛子好酒放淡了，
干鱼腊肉翻了晒，
我有心待郎啦郎不来。

二月望郎，郎不来，
望得江边头杨柳叶散开。
妹说我的哥哇！
为人莫学江边头杨柳样，
无根无叶发嫩身，
把妹抛在九霄云。

搭信我的妹吔，拜上我的乖，
拜上我的乖乖哩郎不来。
哥说我的妹哇！

正月间我冇（mǎo）来是玩灯耍，
二月间冇来是车水整高田，
要得看妹清明边。

三月望郎，郎不来，
望得后花园中桃花开。
妹说我的哥哇！
我移步来至桃树下，
手攀桃树哭哀哀，
望得花开花谢呀郎不来。

四月望郎插田忙，
妹屋里人在扯早秧。
妹说我的哥哇！
我手攀纱窗瞧一眼，
扯的扯来，装的装，
内中不见我情郎。

搭信我的妹吧，拜上我的乖，
拜上我的乖乖郎不来。
哥说我的妹哇！
三月间冇来是泡禾种，
四月间冇来是插田忙，
要得看妹到端阳。

五月望郎是端阳，

羊角粽子拌（piǎn）砂糖。
妹说我的哥哇！
粽子还要砂糖拌，
不拌砂糖不清甜，
娇莲姐无郎空少年。

六月望郎三伏天，
郎在外面插冬粘。
妹说我的哥哇！
我一无手巾给郎揩汗，
二无细篾斗笠给郎遮阴，
郎晒太阳妹心痛。

搭信我的妹吔，拜上我的乖，
拜上我的乖乖郎不来。
哥说我的妹哇！
五月间冇来，是田中扯稗草，
六月间冇来，正是扮禾忙，
要得看妹到秋凉。

七月望郎七月七，
眼泪泱泱谁晓得？
妹说我的哥哇！
细篾簟子我流湿大半块，
杉木床厅流湿一条沟，
不知何日与郎共枕套？

八月望郎中秋节，
手拿糍粑用刀切。
妹说我的哥哇！
上好的糍粑给你留几块，
红糖白糖留几盆，
望郎哥不到好心痛。

搭信我的妹，拜上我的乖，
拜上我的乖乖郎不来。
哥说我的妹哇！
七月间冇来是田中收稻草，
八月间冇来是挑谷进高仓，
要得看妹到重阳。

九月望郎，郎不来，
妹在园中搭起望郎台。
妹说我的哥哇！
一日台上望三趟，
三日台上望九招，
我望郎哥不来拆台烧。

十月望郎立了冬，
望得房中屋柱空了心。
妹说我的哥哇！
竹筒子枕脑空思想，
鞭打陀螺四处旋，

我独坐闺房泪涟涟。

搭信我的妹吒，拜上我的乖，
拜上我的乖乖郎不来。
哥说我的妹哇！
九月间冇来熬出了几桌重阳酒，
十月间冇来正是翻耕冬板田，
要得看妹到雪天。

十一月望郎下大雪，
泥深路滑怎来得？
妹说我的哥哇！
我明油雨伞买一把，
乔口的木屐买一双，
请人送与我情郎。

十二月望郎又一年，
我焚香秉烛拜上天。
妹说我的哥哇！
我一冇与情郎哥打一句讲（gǎng），
二冇要情郎哥用一分钱，
为何忍心把妹丢一年？

搭信我的妹吒，拜上我的乖，
拜上我的乖乖郎不来。
哥说我的妹哇！

十一月间冇来，是车干塘凹把鱼捉，

十二月冇来是粑粑水酒做哒(dǎ)十多天，

要得看妹到来年。

图书在版编目（CIP）数据

益阳与轩辕文化／莫晓阳编著. —长沙：中南大
学出版社，2021.4
　　ISBN 978-7-5487-4320-0

　　Ⅰ．①益… Ⅱ．①莫… Ⅲ．①黄帝－文化研究－益阳
Ⅳ．①K203②K296.43

中国版本图书馆 CIP 数据核字（2021）第 016330 号

益阳与轩辕文化
YIYANG YU XUANYUAN WENHUA

莫晓阳　编著

□**责任编辑**	彭亚非
□**责任印制**	易红卫
□**出版发行**	中南大学出版社
	社址：长沙市麓山南路　　邮编：410083
	发行科电话：0731-88876770　　传真：0731-88710482
□**印　　装**	长沙雅鑫印务有限公司

□**开　　本**　710 mm×1000 mm 1/16　□**印张** 19.75　□**字数** 243 千字
□**版　　次**　2021 年 4 月第 1 版　□2021 年 4 月第 1 次印刷
□**书　　号**　ISBN 978-7-5487-4320-0
□**定　　价**　68.00 元